_____ 드림

초판 1쇄 인쇄 2014년 8월 4일
초판 1쇄 발행 2014년 8월 11일

기획 EBS 미디어
지은이 EBS 〈부모〉 제작팀
글 이현정

발행인 장상진

발행처 (주)경향비피
등록번호 제2012-000228호
등록일자 2012년 7월 2일

주소 서울시 영등포구 양평동 2가 37-1번지 동아프라임밸리 507-508호
전화 1644-5613 | **팩스** 02) 304-5613

저작권자 ⓒ 2014 EBS
ISBN 978-89-6952-032-6 13370

· 값은 표지에 있습니다.
· 파본은 구입하신 서점에서 바꿔드립니다.
· 이 책은 EBS와의 출판권 설정을 통해 EBS 〈부모〉를 단행본으로 엮었습니다.

EBS 부모
사랑의 처방전

EBS 부모 제작팀 지음 | **EBS MEDIA** 기획

경향BP

추천의 글

노력하는 부모 자신이 바로 사랑의 처방전입니다

"선생님! 저는 친정어머니께서 일찍 돌아가셨어요. 그래서 어떻게 아이를 키워야 할지 몰라 막막했는데 〈EBS 부모〉가 큰 도움이 되었어요.", "아이 키우는 일이 참 막막했는데 〈EBS 부모〉를 보면서 키우니 그나마 이 정도로 아이를 키워낸 것 같네요. 전문가 선생님들의 조언대로 해 보면 어쩔 때는 정말 신기하게 아이가 말을 잘 듣는 거예요. 물론 잘 안 될 때도 많았지만요."

부모님들께서 〈EBS 부모〉를 보시고 이런 이야기를 하실 때마다 저는 깊은 책임감을 느끼곤 했습니다. 그동안 많은 전문가들과 함께 아이들에 대한 이해를 돕고 구체적인 양육 방법에 대해 알려드리고자 애써왔는데 노력이 헛되지 않았다는 안도감이 들기도 합니다. 그러나 이와 더불어 부모님들이 아이를 키우는 일에 참 많은 도움을 필요로 한다는 사실도 절감하게 됩니다. 물론 저는 방송뿐 아니라 상담 현장에서도 양육에 어려움을 겪고 있는 많은 부모님들을 만나오고 있습니다. 사실 부모님들이 다급하게 들고 오시는 자녀의 문제는 '아이가 떼를 부려요.', '너무 까다로워요.', '사회성에 문제가 있어요.', '애착이 잘 안 된 것 같아요.', '산만해요.', '불안해요.', '우울해 보여요.', '형제 갈등이 심해요.', 등과 같은 몇 가지 문제로 귀결됩니다.

이처럼 아이들에게 나타나는 주된 문제가 많지 않음에도 여전히 자녀 양육에 대한 명확한 답을 찾지 못하고 우왕좌왕할 때가 많습니다. 이것은 우리가 기계를 다루는 게 아니라 복잡 미묘한 인간을 다루고 있기 때문입니다. 특히 아이들은 성인과는 다른 존재이므로 이해하기가 여간 쉽지 않습니다. 여기에 '엄마', '아빠' 그리고 '부모'라는 이름이 가지고 있는 깊은 책임감까지 곁들여지니 부모 역할은 고된 일이 되어 버립니다.

하지만 '부모'란 그 어떤 것으로도 바꿀 수 없는 귀중하고 가치 있는 이름이지요. 우리 모두 이런 가치 있는 일에 우리의 삶을 바쳐도 아깝지 않을 것입니다. 그러다 보니 다른 어떤 일보다도 기대한 만큼 되지 않을 때 좌절감과 무력감을 더 느끼게 되는 듯합니다. 그러나 문제가 복잡하고 어렵게 느껴질수록 오히려 문제 해결 방법은 간단할 수 있습니다. 가장 기본으로 돌아가면 의외로 답은 쉽게 찾을 수 있습니다. 양육의 기본 중 기본은 아이의 연령에 맞는 발달 과정을 잘 이해하고, 아이에게 필요한 것을 제공해주는 것입니다. 성인과는 다른 아이의 발달, 심리와 그에 따른 욕구를 잘 알고 필요에 맞춰 대처하면 복잡해 보이는 양육이 의외로 간단히 해결되고 풍성해질 수 있습니다.

그동안 '사랑의 처방전'이라는 제목으로 많은 전문가들이 부모님들께 알려드렸던 내용을 여기에 잘 정리해놓았습니다. 아이의 마음에 대한 문제, 부모의 마음에 대한 문제, 관계의 어려움, 학습의 어려움, 그리고 아이의 건강을 어떻게 챙겨야 하는지를 세부적으로 살펴보고 각각의 문제를 해결할 수 있는 자세한 가이드 라인을 제시해놓았습니다. 이 책을 통해 아이의 숨은 마음이 무엇인지, 내가 이렇게 행동할 수밖에 없었던 이유는 무엇인지 이해하게 된다면 고되고 난처하게만 느껴지는 양육에 많은 도움을 받을 수 있을 것이라 생각합니다. 완벽한 부모는 없지만 노력하는 부모는 존재할 수 있습니다. 이 책이 노력하는 부모님께 따뜻한 위로 한마디를 건네고 안전한 길을 안내해주는 길잡이 역할을 하기를 기대해 봅니다.

원광아동상담센터 소장 이영애

육아에 과연 정답이 있을까?

하루가 멀다 하고 빠르게 변화하는 방송 환경 속에서 〈부모〉가 십 년을 넘게 육아 멘토 프로그램으로 장수할 수 있었던 비결은 아마도 육아에 정답이 없기 때문일 것이다.

"지고는 못 사는 우리 아이, 대체 왜 저러는 걸까요?"
"자기 요구를 들어주지 않으면 길바닥에 누워서 우는데, 정말 쥐구멍에라도 들어가 숨고 싶어요. 그럴 때마다 어떻게 해야 할지 모르겠어요."
"친구랑 놀지 않고 혼자서만 놀아요. 저러다 왕따가 되지는 않을까 걱정이에요."

〈부모〉 홈페이지의 게시판에 끊임없이 올라오는 고민 사연에는 근심과 걱정이 가득 담겨 있다. 잘 키우고 싶은데 어떻게 해야 될지 몰라 당황스러운 부모. 이유를 알 수 없는 아이의 행동에 내가 잘못 키우고 있는 건 아닌지 자책도 하고, 애먼 아이를 잡기도 한다. 그러다 보니 아이는 아이대로, 부모는 부모대로 지칠 수밖에 없다. 이쯤 되면 육아가 아니라 전쟁이다.

부모들의 양육 고민을 해결해주기 위한 코너는 〈부모〉에서 오랫동안 계속 되어 왔다. 그러나 제한된 방송 시간으로 인해 각 가정의 문제를 진단하는 데만 그치게 되는 한계가 있었고 결국 '그래서 어떻게 하라고?' 하는 의문이 제기됐다.

아이의 문제를 해결하기 위해서는 엄마가 먼저 변해야 한다. 변화는 결코 쉽지 않고, 아주 많은 시간을 필요로 하는 일이다. 또 첫발을 떼는 일 또한 쉽지 않다. 그래서 마련한 코너가 바로 '사랑의 처방전'이다.

바로 오늘, 바로 지금 부모가 아이와 함께 첫발을 떼는 방법이다. 누구나 할 수 있는 방법으로 '나도 할 수 있다.'는 자신감을 주기 위한 방법이다. 먼 길도 첫발을 떼야 갈 수 있듯 멀고 험한 육아의 길도 다시 잘 해 보겠다는 결심인 첫발이 중요하기 때문이다.

좋은 부모가 된다는 건 참으로 어려운 일이다. 하지만 절대 포기해서는 안 되는 일임은 분명하다. 이 책이 육아로 힘들고 지친 부모들의 마음에 '나도 좋은 부모가 되고 싶다.', '나도 좋은 부모가 될 수 있다.'는 자신감을 심어줄 수 있길 바란다.

마지막으로 언제나 진심 어린 마음으로 부모와 아이들의 문제를 살피고, 따뜻한 처방을 내려주신 아동심리전문가 이보연 선생님과 이영애 선생님께 감사의 말을 전한다.

EBS 부모 제작진

목차
Contents

추천의 글 · 4
프롤로그 · 6

PART 1 아이 마음 처방전 "마음이 너무 아파요"

|첫 번째| 아이의 짜증은 부모의 관심을 바라는 신호이다

천상천하 유아독존의 시기, 미운 4살 · 17
아이의 짜증은 불만의 표시 · 19
부모의 관심이 짜증내는 아이에게 특효이다 · 20
상황에 맞는 부모의 대처법 · 22
TIP 미운 4살을 위한 사랑의 처방전 · 23

|두 번째| 산만한 아이는 집중력을 강화해야 한다

훈련이 되어 있지 않으면 산만하게 보일 수 있다 · 25
아이를 산만하게 만드는 몇 가지 원인 · 26
산만함을 줄이는 Know-How · 29
TIP 산만한 아이를 위한 사랑의 처방전 · 30

|세 번째| 불쑥 화내는 아이, 불안한 마음의 표현이다

유아 사춘기, 7살 · 33
화를 내는 아이의 마음도 불안하다 · 33
애착 관계가 정서에 영향을 미친다 · 35
양육태도가 정서에 영향을 미친다 · 36
TIP 화를 잘 내는 아이를 위한 사랑의 처방전 · 38

| 네 번째 | 새로운 경험을 너무 두려워하는 것도 문제이다

"싫어요", 회피하고 보는 아이 · 40
비일관적인 부모의 태도는 아이에게 두려움을 준다 · 41
아이가 새로운 것을 거부할 때 부모의 Know-How · 42
아이의 두려움을 없애는 Know-How · 44
TIP 새로운 것을 두려워하는 아이를 위한 사랑의 처방전 · 45

| 다섯 번째 | 자존감이 없으면 사회성에도 문제가 생긴다

자존감이 없고 사회성이 부족한 아이 · 48
집 안에서 아빠 역할이 중요하다 · 49
바람직한 아빠 역할은? · 51
자존감을 키워야 사회성도 좋아진다 · 51
TIP 자존감 낮은 아이를 위한 사랑의 처방전 · 54

| 여섯 번째 | 애착 형성에 문제가 있으면 마음 붙일 곳이 없다

아이와 양육자 간의 정서적 유대감, 애착 · 56
애착 형성은 아이를 위해 필요하다 · 57
애착은 안정 애착과 불안정 애착으로 나뉜다 · 59
애착은 조금씩 형성된다 · 60
TIP 아이의 애착 형성이 제대로 되고 있는지 확인하는 사랑의 처방전 · 61

PART 2
부모 마음 처방전
"부모도 너무 힘들어요"

| 첫 번째 | 열 손가락 깨물어 덜 아픈 손가락 있다

차별 당하는 아이는 슬프다 · 65
차별하는 부모도 괴롭다 · 66
미운 아이에게 한걸음 다가가는 Know-How · 67
TIP 미운 아이를 사랑하는 사랑의 처방전 · 69

|두번째| 말 많은 아이, 부모도 지친다

아이의 질문에 모두 대답할 필요는 없다 · 72
말 많고 산만한 아이를 위한 일반적인 Know-How · 74
산만한 아이를 위한 증상별 Know-How · 76
TIP 산만한 아이를 위한 사랑의 처방전 · 77

|세번째| 좋은 부모가 되고 싶지 않은 부모는 없다

만 3세 아이에게 좋은 부모란? · 80
좋은 부모가 되기 위해 버려야 할 교육법 · 81
좋은 부모가 되기 위한 Know-How · 84
TIP 좋은 부모가 되기 위한 사랑의 처방전 · 86

|네번째| 애착, 엄마에게도 중요하다

화를 내는 엄마, 애착에 문제가 있을 수 있다 · 88
애착은 삶에 큰 영향을 준다 · 89
애착은 변하지 않는다 · 90
안정 애착을 형성해야 한다 · 94
TIP 엄마의 애착을 위한 사랑의 처방전 · 96

|다섯 번째| 양육의 기초, 어떻게 다지면 좋을까?

양육의 기초는 아이의 기질을 살피는 것이다 · 98
양육을 위해 성별과 형제 관계를 이해한다 · 99
잘못 알려진 양육법은 고쳐야 한다 · 101
양육태도의 기본 지침을 세운다 · 102
TIP 자녀 양육을 위한 사랑의 처방전 · 103

PART 3
관계 처방전
"관계에 문제가 있어요"

|첫 번째| 낯가림, 자연스러운 현상이지만 심해지면 안 된다

낯가림은 자연스러운 현상이다 · 109
낯가림이 심해지면 사회 공포증이 된다 · 110
낯가림이 심한 아이를 위한 Know-How · 111
TIP 사람을 두려워하는 아이를 위한 사랑의 처방전 · 113

|두 번째| 친구를 못 사귀는 아이, 사회성을 점검해 봐야 한다

사람들과 잘 어울리고 관계를 맺는 게 사회성 · 116
자신감을 키워 사회성도 높인다 · 117
떨어진 사회성을 회복하는 Know-How · 118
TIP 친구를 못 사귀는 아이를 위한 사랑의 처방전 · 121

|세 번째| 딸과 엄마의 관계는 특별하다

큰딸과 엄마의 특별한 관계 · 123
엄마와 관계가 친밀하지 못하면? · 124

딸과 관계를 개선하고 싶은 엄마를 위한 Know-How · 126
TIP 딸과 사이가 좋지 않은 엄마를 위한 사랑의 처방전 · 128

|네 번째| 아빠를 싫어하는 아이, 부모의 노력이 필요하다

아이는 왜 아빠를 거부할까? · 130
엄마가 노력하면 아빠와 아이는 친해질 수 있다 · 132
아빠가 노력하면 아이와 친해질 수 있다 · 134
TIP 아빠를 거부하는 아이를 위한 사랑의 처방전 · 136

|다섯 번째| 지나친 스킨십은 힘들 수 있다

스킨십이 심한 아이, 왜 그럴까? · 138
스킨십을 좋아하는 기질의 아이가 있다 · 139
과도한 스킨십도 해결할 수 있다 · 141
TIP 스킨십에 집착하는 아이를 위한 사랑의 처방전 · 143

|여섯 번째| 부모와의 관계가 좋아야 사회성도 좋다

사회성은 미래를 결정하는 지표이다 · 146
사회성이 높은 아이, 낮은 아이 · 147

사회성의 기초는 엄마와의 관계 · 148
부모와의 관계에서 사회성을 키워주는 5가지 방법 · 150
TIP 사회성이 부족한 아이를 위한 사랑의 처방전 · 152

PART 4 학습 처방전 "공부가 잘 안 돼요"

|첫 번째| 의욕이 없으면 공부도 걱정이다

의욕이 없는 아이, 감각 통합을 확인해야 한다 · 157
부모의 태도가 의욕 없는 아이를 만든다 · 159
의욕 있는 아이로 만드는 Know-How · 161
TIP 의욕이 없는 아이를 위한 사랑의 처방전 · 162

|두 번째| 1등만 하려는 아이, 안 되는 것을 가르쳐야 한다

1등을 하고 싶은 마음, 경쟁의 시작 · 165
올바른 경쟁을 가르쳐야 한다 · 166
1등만 해야 하는 아이를 위한 Know-How · 168
TIP 1등만 하려는 아이를 위한 사랑의 처방전 · 171

|세 번째| 꼴찌가 되는 연습도 필요하다

꼴찌가 두려운 아이에게 필요한 건 관심과 격려 · 173
아이의 두려움은 부모의 양육태도 때문이다 · 174
아이의 두려움을 없애기 위한 부모의 역할 · 176
TIP 꼴찌가 되는 것을 두려워하는 아이를 위한 사랑의 처방전 · 178

|네 번째| 실행 기능이 좋아야 공부도 잘한다

실행 기능에 문제가 있으면 공부도 안 된다 · 180
실행 기능이 떨어지면 문제가 생긴다 · 181
아이의 실행 기능 키우는 방법 · 184
TIP 실행 기능을 키우고 싶은 아이를 위한 사랑의 처방전 · 187

|다섯 번째| 유아기관, 어떻게 선택하고 어떻게 적응할까?

유아기관 선택은 매우 중요하다 · 189
좋은 유아기관을 선택하는 Know-How · 190
유아기관 입학 전, 규칙과 습관 익히기 · 192
유아기관에 적응하는 법, 아이마다 다르다 · 194
TIP 유아기관에 입학한 아이를 위한 사랑의 처방전 · 197

PART 5 건강 처방전
"건강, 이대로 괜찮나요?"

|첫번째| 잠을 못 자는 아이, 수면교육이 필요하다

잠 안 자는 아이, 부모도 힘들다 · 201
잠을 자지 않는 여러 가지 이유 · 202
잠 안 자려는 아이를 위한 방법 · 204
TIP 잠을 잘 자고 싶은 아이를 위한 사랑의 처방전 · 206

|두번째| 잘 먹고 잘 자야 건강하다

혹시 내 아이가 초고도비만? · 208
비만의 원인은 먹는 것과 자는 것, 움직이는 것에 있다 · 210
건강한 아이로 키우는 Know-How · 212
TIP 아이를 건강하게 키우기 위한 사랑의 처방전 · 214

|세번째| 뚱뚱한 아이, 건강 관리가 필수이다

뚱뚱한 아이, 원인은 부모에게 있다 · 216
열량을 과다섭취하면 안 된다 · 217
소아비만 십계명 · 219
TIP 뚱뚱한 아이를 위한 사랑의 처방전 · 222

|네번째| 스트레스를 해결하면 식탐도 줄어든다

식탐 많은 아이, 스트레스가 원인이다 · 225
형제간의 콤플렉스, 식탐이 되다 · 226
아이의 스트레스는 부모가 해결해줘야 한다 · 228
먹는 걸로 스트레스를 푸는 아이, 마음을 표현하는 게 좋다 · 230
TIP 스트레스를 음식으로 푸는 아이를 위한 사랑의 처방전 · 232

PART 1

아이 마음 처방전
"마음이 너무 아파요"

첫 번째 이야기

아이의 짜증은 부모의 관심을 바라는 신호이다

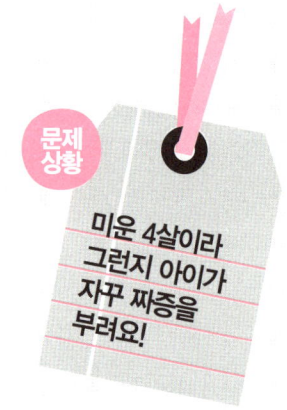

문제 상황

미운 4살이라 그런지 아이가 자꾸 짜증을 부려요!

한없이 귀여울 것 같은 아이지만 짜증을 낼 때면 부모들은 속이 탄다.
더군다나 이유도 없이 짜증을 내는 상황이라면 어떻게 해줄 수도 없고 답도 없어서
"너 도대체 왜 그러는 거야? 짜증 좀 그만 부려!"라고 목소리만 높아지기 일쑤다.
이렇게 이유 없이 짜증을 내는 아이를 위한 좋은 방법은 없는지 찬찬히 살펴보자.

천상천하 유아독존의 시기, 미운 4살

아이: 힝, 엄마! 그거 아니야.

엄마: 그럼 이거?

아이: 그것도 아니야.

엄마: 그럼 어떤 건지 네가 말해 봐.

아이: 몰라! 으앙! 엄마 미워! 엄마 싫어!

마트나 백화점에서 종종 바닥에 엉덩이를 깔고 앉아 우는 아이들을 볼 수 있다. 그러면 주위 사람들 시선에 부모들은 "애가 미운 4살이라서 그래요."라며 민망해한다. 이처럼 우리는 말 안 듣는 4살 아이에게 '미운 4살'이라는 말을 쓰

나쁜 말을 하는 미운 4살?

'바보', '병신' 등 아이의 입에서 나쁜 말이 나올 수 있다. 하지만 이때 "우리 아이가 어떻게 저런 말을?!" 하며 과하게 반응해서는 안 된다. 나쁜 말을 했을 때 어른들의 반응이 강하다면 아이는 그 말이 갖는 힘을 알게 되어 계속해서 나쁜 말을 사용하게 되는 것이다.

그렇기 때문에 아이가 처음 나쁜 말을 할 때는 적당히 무시하는 것이 가장 좋다. 하지만 아이가 이미 그런 말을 자주 쓴다면 '상벌제도'를 사용해 나쁜 말을 쓰는 습관을 없애주어야 한다. 그리고 아이가 하는 말이 나쁘다는 사실을 알려주고 아이에게 화가 났을 때 나쁜 말 대신 자신의 감정을 표현하는 적절한 말을 가르쳐주는 게 좋다.

고는 한다.

　4살이라고 하면 보통 두 돌에서 네 돌 사이를 말하는데 '엄청' 말을 안 듣는 때이기 때문에 다들 '미운 4살'이라고 부르는 것이다. 사실 이 시기의 아이들은 걷기와 말하기에 익숙해지면서 뭐든지 해 보려고 나서게 된다. 뿐만 아니라 스스로가 잘난 줄 아는 '천상천하 유아독존의 시기'이기도 하다. 때문에 뭐든 잘할 수 있는 자신에게 "안 돼!"라는 말로 제한하는 부모에게 화가 나는 게 당연하다. 또한 이 시기의 아이들은 옳고 그른 것이 무엇이고, 되는 것과 안 되는 것은 무엇인지 제대로 판단할 수 없다. 따라서 그릇된 것을 막고 안 되는 것을 못하게 하는 부모와 충돌할 수밖에 없다.

　하지만 미운 4살 시기는 누구나 겪는 시기이고, 이 시기를 거쳐 아이들은 자신이 할 수 있는 일과 할 수 없는 일을 구분하게 된다. 그리고 되는 일은 스스로 해 보며 자율성을 키울 수 있는 중요한 시기이기도 하다. 그러니 '미운 4살'이라고 두려워 말고 찬찬히 아이의 마음을 들여다보며 이 시기를 슬기롭게 이겨낼 필요가 있다.

똥오줌을 가리지 못하는 미운 4살?

"엄마, 나 쉬 마려워요."라고 말을 할 수 있음에도 옷에 실수를 하는 아이들이 있다. 그런데 이런 행동은 부모의 초점을 흐리기 위한 행동이므로, 만약 아이의 잘못을 나무라는 과정에 소변을 싼다고 해서 할 말을 중단해서는 안 된다. 벌을 받기로 했다면 벌도 계속 주어야 아이가 '아, 옷에 실수를 해도 안 통하는구나.' 하고 깨닫게 된다.

02 아이의 짜증은 불만의 표시

놀아달라고 해서 놀아주는데도 아이가 "엄마, 그게 아니잖아!", "아빠랑은 안 놀아."라고 하며 짜증을 내는 경우가 있다. 해야 할 일도 못하고 시간을 내서 놀아주는데 아이가 이런 반응을 보이면 속이 부글부글 끓는다. 하지만 무턱대고 아이에게 화를 내지 말고 '아이가 왜 짜증을 낼까?', '내가 제대로 못 놀아주는 것은 아닌가?'를 생각해 보아야 한다. 아이가 원하는 대로 놀아주는데도 짜증을 낸다면 부모의 놀이 태도가 잘못된 경우가 많기 때문이다.

아이가 "엄마, 이것 좀 봐!"라고 하면 "그래?" 또는 "아, 경주용 자동차구나."라는 식으로 말하는 것은 곤란하다. 질문 위주의 답변이나 애매모호한 말투가 주를 이루면 아이는 부모와의 놀이에서 재미를 찾을 수 없다. 또한 "몰라!"라고 답하는 방식도 좋지 않다. 이렇게 놀이에서 적절한 타이밍에 도와주지 못해 아이가 좌절하게 되면 아이는 다른 일에도 민감성이 부족해진다.

또한 이 또래의 아이는 한참 활발한 상상을 하는 나이로 부모 역시 함께 상상놀이를 하는 게 바람직하다. 아이가 상상하는 것을 같이 상상하기도 하고 아이가 미처 상상하지 못한 부분을 발전시켜주기도 하면서 놀면 아이는 '야, 엄마랑 노는 것은 정말 재미있다!', '와, 우리 아빠는 내 마음을 어쩌면 이렇게 잘 알까?' 하고 생각하게 된다.

이렇게 즐거운 놀이를 부모와 하는 아이들은 자신을 드러내는 데도 긍정적이다. '이럴 때는 내가 이렇게 말하면 되었어.'라는 좋은 경험이 있기 때문에 짜증을 부리지 않고도 자신의 생각을 말할 수 있는 것이다. 대인 관계 경험을 긍정적으로 할 수 있기 때문에 자신있게 스스로를 드러낼 수 있다는 말이다.

미운 4살이 지났는데도 여전히 그런다면?

한참 때 부릴 미운 4살이 지났는데도 짜증을 부리고 화를 낸다면 '어려운 아이(Difficult Child)'가 아닌가 생각해 봐야 한다. 어려운 아이는 소심하고 불안 수준이 높은 아동을 일컫는 말인데, 자신감과 자기표현력이 떨어지고 사고 유연성도 부족한 경우가 많다. 그렇기 때문에 이런 유형의 아이들은 사소한 일에도 쉽게 당황하고 적절한 도움 요청을 잘 하지 못해서 당황스러움을 짜증과 분노로 표현하고는 한다.

03 부모의 관심이 짜증내는 아이에게 특효이다

'그래, 우리 아이는 미운 4살이니까….' 하고 손을 놓고만 있어서는 안 된다. 물론 이 시기가 지나고 언제 그랬냐는 듯이 의젓해지는 아이도 있지만 이 시기에 적절한 자극을 받지 못해서 여전히 짜증을 내는 아이도 있기 때문이다.

부모의 민감성을 키워요

먼저 짜증내는 아이의 부모는 민감성을 키울 필요가 있다. 아이가 왜 짜증을 내는지 민감하게 살펴보라는 말이다. 부모는 아이와의 놀이 방법이 잘못되어 짜증이 났는지 아이의 좌절된 욕구가 무엇인지 민감하게 파악하고 짜증을 줄이기 위해 노력을 해야 한다.

평소에 아이를 잘 관찰해요

평소에도 아이를 잘 관찰할 필요가 있다. 아이가 짜증이 났을 때만 아이에게 관심을 보여주면 아이는 '어? 내가 이렇게 하니까 엄마가 나를 봐주네.'라고 생각할 수도 있기 때문이다. 평소에 아이를 잘 관찰하면서 어떤 것을 좋아하는지 어떤 것을 힘들어하는지를 알아두는 게 바람직하다.

자주 발생하는 일에는 대책을 마련해놓아요

아이와 함께 마트에 갈 때마다 아이가 장난감을 사달라고 조르고 짜증을 부린다면 마트에 가는 일 자체가 고역일 수 있다. 따라서 자주 아이가 짜증을 부리는 경우가 있다면 그에 맞는 대책을 마련해 두는 게 좋다. 예를 들어 마트에서 짜증을 부리지 않게 아예 데리고 가지 않는다거나 짜증을 부리지 않는다는 약속을 받고 데리고 간다거나 하는 것처럼 말이다.

짜증내기 전에 해결하는 방법을 알려줘요

짜증을 내는 일도 습관이 된다. 습관이 되기 전에 짜증을 내지 않도록 막아야 하는 것이다. 아이가 장난감 기찻길을 맞추려고 노력했는데 방법이 틀려서 잘 안 된다면 부모가 부드럽게 다가가 올바른 방법을 알려주는 게 좋다.

일관성 있는 양육과 훈육을 해요

부모가 이랬다저랬다 하면 아이는 혼란스러울 수밖에 없다. 어떨 때는 짜증을 부려도 야단을 맞지 않고 어떨 때는 호되게 야단을 맞는다면 아이도 혼란스럽게 된다. 특히 부모가 "안 돼!"라고 했다가도 들어주는 일이 잦아지면 아이는 부모의 말을 믿지 못하게 된다. 그리고 안 된다고 해도 일단 우기고 보는 일이 잦아지는 것이다. 따라서 안 되는 것은 끝까지 안 된다고 해야 아이도 부모의 제한을 쉽게 받아들일 수 있게 됨을 명심해야 한다.

04 상황에 맞는 부모의 대처법

장난감이 고장 나서 짜증을 낼 때

아이가 장난감을 갖고 놀다가 자기 마음대로 되지 않는다고 화를 낼 때는 "저런, 자동차 바퀴가 잘 안 끼워지는구나. 그래서 화가 났구나." 하면서 자동차 바퀴 끼우는 방법을 알려주거나 직접 보여주는 게 좋다. 물론 더 좋은 방법은 놀이로 유도해 보는 것인데 장난감 때문에 답답해하는 아이의 마음을 읽어 준 후 "그럼 정비 아저씨를 불러야겠네. 아저씨, 정비 아저씨! 저 좀 도와주세요. 바퀴가 안 끼워져요."라고 하며 인형을 데려온다. 그리고 정비 아저씨 인형을 들고 아이에게 다가가서 "얘야, 어디가 고장이 났니?"라고 물으며 자동차 바퀴를 끼워주는 것이다. 이때 고치는 과정에서 아이에게 도움을 요청해 함께 고쳐 나가도록 하면 아이는 성취감을 느낄 수 있게 된다.

감기에 걸렸는데 아이스크림을 먹겠다고 고집부릴 때

아이에게 감기에 걸렸기 때문에 아이스크림을 먹을 수 없다고 안 되는 이유를 간단히 알려준 후 아이의 손을 이끌거나 안고 다른 곳으로 가는 게 좋다. 이때 아이와 함께 가면서 다른 대상으로 주의 전환을 꾀한다. "와! 저기 예쁜 새가 날아가네. 우리 어떤 새인지 보러 갈까?", "어머, 저기 네가 좋아하는 버스가 지나가네?"처럼 아이의 관심을 다른 데로 자연스럽게 돌리는 것이다.

이렇게 아이에게는 무조건 안 된다고 밀어붙이는 게 아니라 마음을 읽고 적절한 다른 방안을 제시하는 게 좋다. 그러면 아이는 짜증을 덜 내게 되고 부모가 안 된다고 하는 상황을 이해할 수 있게 된다.

미운 4살을 위한 사랑의 처방전

스토리텔링 놀이를 하세요!

짜증을 내는 미운 4살 아이들은 사고 유연성이 부족하여 자신의 생각대로 안 되면 쉽게 당황하고 불안해하는 경우가 많다. 따라서 이런 아이들에게는 표현력을 키워줄 수 있는 놀이가 도움이 된다. 단순하게 묻고 답하는 놀이나 단편적인 놀이가 아니라 어떤 상황을 만들어 꾸며보는 놀이를 하는 것이 좋다. 그런 점에서 추천할 만한 스토리텔링 놀이는 간단한 기승전결이 있어 놀이를 계속 연결시키고 확장시킬 수 있는 놀이이다.

놀이 방법
1 잡지나 신문에서 이야기를 만드는 데 도움이 될 만한 것을 오린다.
2 오려둔 것을 주머니에 넣는다.
3 보지 않고 주머니에서 5장의 그림을 고른다.
4 고른 그림을 바탕으로 이야기를 만들어본다.

두 번째 이야기

산만한 아이는 집중력을 강화해야 한다

문제
상황

학교 들어가고
나서 너무
산만해졌어요!

아이가 밝고 잘 놀아서 친구가 많아도
학교에 갈 나이가 되면 부모들은 걱정이 앞선다.
'아이가 학교에서 선생님 말씀에 잘 집중할까?
수업을 따라가는 데에 문제가 있는 건 아닐까?' 하고 말이다.
사실 학교에서 수업에 집중하지 못한다면 정말 걱정이 아닐 수 없기 때문이다.
그렇다면 수업에 집중하지 못하고 산만한 아이들에게 어떤 문제가 있는지
또 그 문제는 어떻게 해결할 수 있는지 한번 살펴보자.

01 훈련이 되어 있지 않으면 산만하게 보일 수 있다

친구들과 놀이터에서 뛰어놀 때와 달리 학교에 가면 40분 이상을 가만히 앉아 있어야 한다. 선생님이 "여기를 보세요!"라고 하면 선생님이 가리키는 것을 봐야 하고, "책에 붙임 딱지를 붙이세요."라고 하면 교과서에서 붙임 딱지를 떼서 붙이는 활동도 해야 한다. 그런데 선생님의 말씀을 잘 듣지 않고 수업 시간에도 계속 다른 짓만 한다면 '이 아이는 너무 산만한 게 아닌가?' 하고 의심해 보아야 한다.

아이가 집중을 잘 하지 못하고 산만하다는 생각이 들면 부모는 한숨이 절로 나온다. 아이들이 아주 어린 것도 아니고 학교 들어갈 나이가 되었으면 꽤 오랜 시간을 집중하고 학습활동에도 몰두할 수 있을 것이라고 기대하기 때문이다. 하지만 사실 이제 막 학교에 들어간 아이들에게 이런 기대를 하는 것은 너무 성급한 일이다. 만 6세 이전의 아이들이 30분 이상 집중하기란 대단히 어렵기 때문이다.

또한 학교에 갈 나이의 아이들은 또래에 대한 친밀 욕구가 더욱 증가하는 시기에 놓여 있다. 그렇기 때문에 친구들과 놀고 싶어 하고, 노는 것을 더 좋아하는 게 당연하다는 말이다. 수업 시간에 선생님 말씀을 들으려고 하다가도 친구들이 '킥킥' 하고 웃는 소리가 들리면 그 쪽으로 고개가 '휙' 돌아가는 건 어쩔 수 없다는 말이기도 하다.

여기에 덧붙여 학교 들어갈 시기에 겪는 스트레스 역시 아이의 집중력을 방해할 수 있다. 대부분의 아이들은 초등학교에 입학할 즈음에 피아노, 태권도,

25

영어 학원, 미술 학원을 다니게 되고 학습지를 풀면서 학습활동을 하게 된다. 학습활동 역시 아이들에게는 스트레스가 될 수 있다. 왜냐하면 전에 비해 주의 집중해야 하는 시간을 더 많이 요구받기 때문이다. 따라서 집중하는 훈련이 되어 있지 않은 아이들은 산만하게 보일 수밖에 없는 것이다.

산만함과 ADHD는 다르다?

ADHD(주의력결핍 과잉행동 장애)는 크게 두 가지 요인이 있다. 첫 번째는 기질적, 선천적인 요인으로 유전적으로 가족력이 있을 때 흔히 나타난다. 이때 쌍둥이 또는 형제간에서 더 흔히 발병한다는 연구 보고가 있다. 두 번째는 환경적, 심리적 요인으로 후천적으로 발생하기도 한다. 정서상의 문제, 적절한 훈육의 부재, 불안이나 우울 등의 이유로도 발병할 수 있다는 이야기이다.
하지만 ADHD와 산만함은 차이가 있다. 아이가 아직 어리고 집중하는 연습을 못한 상황에서 산만하다고 무조건 ADHD로 분류해서는 안 된다.

02 아이를 산만하게 만드는 몇 가지 원인

혼잣말하는 습관이 아이를 산만하게 만들어요

선생님이나 부모와 같은 다른 사람의 말에 집중하지 못하는 산만한 아이의 경우 혼잣말을 자주 하는 모습을 볼 수 있다. 물론 혼자 역할 놀이를 하면서 놀거나 상상을 하면서 노는 방법일 수는 있겠지만 아이가 쉴 새 없이 혼잣말을 한다면 '이건 괜찮을까?' 하고 짚어봐야 한다. 자신이 하는 말에 상대가 적극적으로 반응해주고, 서로 교류하는 경험을 많이 하는 아이는 혼잣말을 많이 하지 않기 때문이다.

계속 혼잣말을 하는 아이는 자기 생각에만 빠지게 될 수 있다. 상대와 이야기를 나누어야 각자의 생각이 다름을 알 수 있고, 새로운 것을 배울 수 있다. 뿐만 아니라 상대와 이야기를 나누는 과정을 통해 적절한 의사소통 능력, 공감 능력이 발달할 수 있게 된다. 이야기를 나누는 것이 아닌 지나친 혼잣말은 산만함을 더욱 부추길 뿐이다.

부족한 사회성이 아이를 산만하게 만들어요

사회성이란 단지 친구들과 잘 어울려 노는 일만을 말하지 않는다. 집단의 정해져 있는 규칙을 잘 따르고 상대의 요구에 적절히 반응하는 것을 모두 포함하기 때문이다. 사회성은 대인 관계의 상호작용을 많이 경험해야 만들어질 수 있다. 집단활동에 참여해 보고 다양한 대인 관계를 경험하면서 형성될 수 있는 것이다. 하지만 대인 관계의 경험이 부족하다면 집단생활에서 어떻게 반응하고 행동해야 하는지를 미처 알지 못하기 때문에 다른 아이들과 구별되는 행동을 하게 되고, 이것이 아이를 산만한 아이로 만들게 된다.

놀이 욕구의 결핍이 아이를 산만하게 만들어요

게임기나 장난감을 가지고 혼자서만 노는 아이들은 상대에게 적절히 반응하거나 규칙을 지키기 어려워한다. 그렇다고 혼자서 노는 아이들이 친구를 좋아하지 않는 것은 아니다. 친구와 같이 놀고 싶은 욕구는 있는데 채워지지 못하기 때문에 문제가 생긴다. 공부 시간에도 선생님의 말보다 친구의 행동에 더 관심을 갖고, 친구와 떠들거나 친구의 말에 일일이 반응을 하면서 산만한 아이가 되는 것이다.

명확하지 않은 부모의 태도가 아이를 산만하게 만들어요

되는 것은 "된다!", 안 되는 것은 "안 된다!"라고 말해주지 않으면 아이는 산만해질 수밖에 없다. "엄마, 나 휴대폰 좀 빌려주세요."라고 요청했을 때 부모가 명확하게 얘기해주지 않으면 아이는 계속 조르게 되고 마음의 안정을 찾을 수도 없다. 적절한 대안 없이 아이의 물음에 명확하게 대답하지 않는 부모의 태도가 반복되다 보면 아이 역시 어수선해지고 산만해질 수밖에 없는 것이다.

산만한 아이들이 특히 힘들어하는 시간은?

산만한 아이들이 특히 힘들어하는 시간은 식사 시간과 공부 시간이다. 식사 시간에 돌아다니거나 꼭 텔레비전을 보려고 하고, 공부할 때는 이 핑계 저 핑계를 대며 책상 앞을 자꾸 벗어나려고 한다. 그러다 보니 식사하다 말고 야단을 맞기도 하고 문제를 끝까지 읽지 않아 틀리기도 하고 생각해서 대답하는 일을 싫어해서 쉽게 "몰라요!"라고 답할 때가 많다.

03 산만함을 줄이는 Know-How

일관성 있고 명확한 반응을 보이세요

애매모호하고 우유부단하게 반응하는 부모의 태도는 옳지 않다. "엄마, 저 나가서 놀아도 돼요?"라고 물어볼 때, "지금? 글쎄?"라고 하기보다는 "지금은 안 되지만 네가 엄마와 약속한 일을 다 하고 나면 나가서 1시간 정도 놀 수 있어."라고 말하는 것이 좋다. 또한 이렇게 아이와 한 약속은 반드시 지키도록 애써야 한다.

놀이 시간을 갖고 상호 놀이를 해요

아이에게 놀이는 사회를 배워가는 과정이고 다른 사람과 소통하는 방법을 배우는 과정이다. 따라서 부모는 아이와 함께 놀아주는 일을 중요하게 여겨야 한다. 아이와의 놀이 시간을 하루 일과에 포함시키고 놀 때는 그저 아이를 지켜보고 단순히 도와주는 정도가 아닌 놀이 파트너가 되어 함께 놀아주는 게 좋다. 때로는 아이가 모르는 것을 친절하게 지도해주고 아이가 지도를 잘 따라 할 때 적극적으로 칭찬해주는 태도로 함께하는 것이 바람직하다.

함께 이야기를 나눠요

혼잣말을 많이 하는 아이라면 아이가 혼잣말을 할 때 그 내용을 듣고 부모도 이야기에 참여하는 방법이 가장 좋다. 예를 들어 아이가 블록으로 집을 만들며 "욕실을 만들어야겠다."라고 한다면 "그거 좋은 생각인데? 어디에 만들면 좋을까?"라고 맞장구를 쳐주며 함께 대화를 할 수 있도록 해야 한다.

또래 친구를 초대해서 함께 놀아요

친구를 좋아하는 아이라면 친구와 집 밖에서도 뛰어노는 게 좋다. 그리고 그만큼 집 안에서도 이야기를 나누고 소품을 사용한 놀이를 하면서 노는 것이 좋다. 산만한 아이일 경우 밖에서만 놀면 더욱 산만해질 수도 있기 때문이다. 또한 친구를 초대해서 놀면 아이가 또래와의 관계를 어떻게 맺는지 알 수 있고 부모가 어떤 부분을 도와줘야 하는지도 알 수 있다.

산만한 아이를 위한 사랑의 처방전

'시간을 이겨라' 게임하기

산만한 아이는 집중할 수 있는 힘을 키워주는 게 좋다. 특히 산만하게 돌아다니고 책상에 앉아 있는 일을 힘들어하기 때문에 시간을 어느 정도는 정해서 그 시간 동안에는 어렵더라도 책상에 앉아 있는 연습을 해야 한다.
스톱워치를 이용해 게임을 하면 집중할 수 있는 시간을 조금씩 늘려갈 수 있다. 뿐만 아니라 이 게임을 하면서 부모의 칭찬을 계속해서 듣게 되면 부모와의 관계도 좋아질 수 있다.

놀이 방법
1 그림이 그려진 종이를 준다.
2 스톱워치를 '1분'으로 맞추고 1분 동안 색칠을 하게 한다.
3 색칠을 다 할 때까지 돌아다니거나 말을 하거나 딴짓을 하면 '시간'에게 지게 된다.
4 아이가 색칠을 할 때 말을 걸어 방해 공작을 하고, 방해 공작을 참고 견디면 칭찬을 해준다.

적절한 감정 표현의 모델이 되어야 해요

산만한 아이일 경우 흥분하거나 당황하면 과장된 행동과 어투를 사용하는 경향이 있다. 이럴 때 부모가 적절한 감정 단어를 사용해 마음 읽어주는 도움이 필요하다. "아, 우리 지원이가 지금 장난감이 고장이 나서 마음이 답답하구나."처럼 말이다. 또한 평소에 아이의 욕구나 감정을 살피고 헤아려주며 아이가 힘들 때 적극적으로 위로해주어야 한다. 그러면 아이도 부모에 대해 신뢰감을 가질 수 있게 된다.

세 번째 이야기

불쑥 화내는 아이, 불안한 마음의 표현이다

문제 상황

자꾸 엄마에게 화를 내요!

무슨 말을 해도 아이가 '벌컥 벌컥' 화를 낸다면 아이와 많은 시간을 함께 보내는 엄마 입장에서는 속상하기도 하고 막막하기도 할 것이다.
그렇다고 아이가 화내는 일이 무서워 오냐오냐만 할 수도 없다.
화를 내는 아이는 어떤 마음이기에 그러는 건지, 화를 참지 못하는 이유는 무엇인지 아이의 마음을 한번 들여다보자.

01 유아 사춘기, 7살!

어렸을 때는 말을 잘 듣던 아이가 7살이 되면서 유독 말을 잘 안 듣는다면 "얘는 도대체 왜 이래?"라고 말하기 전에 아이의 연령을 한번 짚어볼 필요가 있다. 왜냐하면 7살은 자신감이 생기는 '반항의 나이'이기 때문이다. 7살 즈음이 되면 아이는 자기 나름대로 논리적인 사고를 시작하게 되면서 무조건 부모가 시키는 대로 하지 않는다. 7살에 자기주장이 없다면 그걸 오히려 문제라고 생각해야 한다. 자기주장을 하면서 스스로를 보호할 수 있는 힘을 키워야 하는 시기이기 때문이다.

또한 이 시기를 가리켜 '유아 사춘기'라고 하는데 아이들의 자기주장이 분명해지고 부모로부터 조금씩 심리적 독립을 해나가기 때문이다. 그런데 문제는 아직 어린 아이들이 변화를 겪다 보니 스스로의 마음속에 큰 두려움을 갖게 된다는 점이다. 그래서 말대꾸를 하기도 하고 불쑥 화를 내기도 하는 것이다.

02 화를 내는 아이의 마음도 불안하다

아무 말이 없는 아이에게 "왜? 뭐 때문에 그러는데?"라고 묻지만 아이가 "아, 몰라!"라며 화를 낸다면? 당연히 걱정이 되고 불안하기 마련이다. 혹시 아이에게 무슨 문제가 있는 건 아닌가 하고 말이다. 하지만 이런 아이의 마음속을 들여다보면 아이의 마음도 평탄하지만은 않다는 것을 알 수 있다. 갑자기 화를 내는 아이들의 대부분이 가장 가깝게 애착을 형성해야 하는 부모와의 관계를 힘들어하고 있기 때문이다. 부모와의 관계가 좋지 못하면 아이는 다른 사람과 관계를 맺는 것도 어려워하고 자신의 마음을 표현하는 바른 방법을 몰라 '벌컥' 화를 낼 수밖에 없다.

아이가 부모를 꺼려하고 애착 관계를 제대로 형성하지 못하는 이유 중 하나로 '잔소리'를 들 수 있다. "밖에 나갔다 오면 손 씻으라고 했는데 왜 안 씻는 거야?", "텔레비전은 왜 그렇게 가까이 앉아서 보는 거야? 눈 나빠지면 어떻게 할 거야?" 등 하루 종일 잔소리를 하면 아이는 당연히 잔소리를 피하기 위해 부모를 멀리하게 된다. 뿐만 아니라 이렇게 잔소리를 하는 부모의 경우 아이를 과하게 간섭하고 통제하려고 한다. 과잉간섭하고 과잉통제할 경우 아이는 감정 조절의 어려움을 겪게 되고 스스로 무언가를 하고자 하는 마음을 잃어버리게 된다.

부모의 지나친 통제와 간섭이 아이에게 미치는 영향

1 아이의 자율성 및 주도성 발달을 막는다.
2 아이의 자존감이 형성되는 것을 방해한다.
3 감정 조절의 어려움을 겪게 하고 정서 문제의 원인이 된다.
4 아이의 사회성 발달을 막는다.
5 부모-자녀 관계에 부정적인 영향을 미친다.

03 애착 관계가 정서에 영향을 미친다

애착은 부모나 특별한 사회적 인물과 형성하는 친밀한 정서적 유대를 가리키는 말이다. 그런데 이 애착의 형태는 대물림될 가능성이 높다. 부모에게 받은 애착의 형태 그대로 자신의 아이를 대할 가능성이 크다는 말이다. 왜냐하면

좋은 애착 관계 형성을 위한 방법

- **아이의 발달 상황을 이해해요**
아이의 연령과 지금 발달 단계가 어떤 시기이며 어떤 상황인지 파악해야 한다.

- **나의 강점과 약점을 이해해요**
부모로서의 나의 강점은 무엇이고 약점이 무엇인지를 생각한다.

- **받고 있는 스트레스를 해결해요**
부모가 스트레스를 받고 있다면 아이에게 편안한 마음으로 육아를 할 수 없음을 명심해야 한다.

- **아빠의 양육 참여가 필요해요**
엄마 혼자서의 육아나 아빠 혼자서의 육아보다 함께 하는 육아가 아이에게는 필요하다.

- **자신의 취미생활을 찾아요**
하루 종일 아이에게만 매달려 있으면 아이의 일거수일투족에 너무 민감해질 수밖에 없다.

애착은 책이나 학습으로 얻어지는 지식이 아닌 경험을 통해 형성되는 것이기 때문이다.

　애착 관계는 매우 중요해서 아이의 정서에 큰 영향을 미친다. 부모와 애착 관계를 제대로 맺지 못하고 있을 경우 아이는 심리적으로 불안해져서 자신의 감정을 잘 조절할 수 없게 된다. 따라서 벌컥 벌컥 화를 잘 내는 아이가 되는 것이다. 만약 애착 관계를 지금까지 잘못 맺어왔다면 이제부터라도 바꾸어야 한다. 그렇지 않으면 아이는 계속 화를 내거나 어긋난 행동으로 자신의 불만을 드러낼 수밖에 없고, 부모는 부모대로 그런 아이의 모습을 보면서 힘들어질 수밖에 없다.

04 양육태도가 정서에 영향을 미친다

　부모가 자녀를 키울 때 어떤 태도를 보이느냐에 대해 많은 학자들이 양육태도를 분류하고 연구해왔다. 그래서 학자들 사이에 분류하는 기준이나 형태는 조금씩 다르다. 하지만 대부분의 학자들은 부모의 양육태도가 자녀의 성격을 형성하는 데 중요한 영향을 미친다는 사실에 동의한다. 부모가 어떤 태도로 아이를 키우느냐에 따라 아이가 화를 잘 내는 아이로 자랄 수도 있다는 말이다.

　오른쪽 표는 양육태도를 4가지로 나누어본 것이다. 이상형 부모에게서 자란 아이의 경우 사회적 책임감이 강하고 감성 지능이 높은 특성을 보인다. 권위주의형 부모에게서 자란 아이의 경우에는 사회적 불안감을 나타내고 우울한 성향을 보이는 것이 특징이다. 또한 방임형 부모의 아이들은 낯선 환경에 적응하지 못하고 사회적 책임감도 낮은 편이다. 그리고 혼란형 부모에게서 자란 아이들은 세상에 대한 불신이 강한 성향을 보인다.

따라서 만약 내 아이가 지속적으로 화를 잘 내는 아이로 자라고 있다면 부모인 나의 양육태도를 점검할 필요가 있다. 먼저 아이의 일상생활 및 외부 적응 상태를 살펴보아야 한다. 아이가 일상생활은 잘 하고 있는지 다른 사람들과의 관계는 어떻게 맺고 있는지를 보는 것이다.

그리고 아이의 정서적 반응 상태를 살펴보아야 한다. 아이가 작은 일에도 심하게 화를 내거나 예민하게 굴지 않는지 살펴야 한다. 그리고 주변 사람들의 이야기를 들어보아야 한다. 같이 유치원이나 학교에 다니는 친구들에게 아이에 대해 물어보는 게 좋다. 뿐만 아니라 전문가의 객관적인 평가를 참고하는 것도 바람직하다. 이렇게 양육을 잘 하고 있는지를 점검해 보면 화를 잘 내는 아이의 마음도 제대로 바로잡을 수 있을 것이다.

〈4가지 양육태도〉

이상형 부모	온화한 태도로 자녀와 대화를 즐긴다.
	자녀의 그릇된 행동에 대해서는 단호하게 통제한다.
권위주의형 부모	일방적으로 규칙을 정한다.
	자녀에게 규율에 대해 설명하지 않고 지킬 것을 강요한다.
방임형 부모	자녀의 행동에 대한 통제를 하지 않는다.
	자녀가 요구하는 것을 모두 받아준다.
혼란형 부모	일관성 있는 태도로 양육을 하지 못한다.
	애정도 없고 통제도 없다.

화를 잘 내는 아이를 위한 사랑의 처방전

얼음땡 놀이하기

화를 잘 내는 아이의 경우에는 아이의 마음을 풀어주는 노력이 필요하다. 또한 어렵기만 하고 잔소리를 하기만 해서 힘들었던 부모 때문에 아이가 스트레스를 받고 있었다면 아이와 부모의 입장을 바꾸어보는 놀이를 해 보는 것이 좋다. 그러면 아이는 엄마, 아빠의 입장을 이해할 수 있고 부모는 아이의 입장을 이해해 볼 수 있기 때문이다. '얼음땡 놀이'는 상대방의 행동에 제약을 두거나 조절할 수 있는 놀이로, 서로의 입장을 바꾸어볼 수 있는 놀이 중 하나이다.

놀이 방법
1 아이에게 토끼처럼 '깡총깡총' 뛰게 한다.
2 '얼음'이라고 엄마가 말하면 동작을 멈추게 한다.
3 거북이처럼 엉금엉금 걷거나 원숭이 흉내를 내다가 '땡'에 멈추며 응용해 본다.
4 역할을 바꾸어서 놀이를 해 본다.

네 번째 이야기

새로운 경험을 너무 두려워하는 것도 문제이다

문제상황
해 보지도 않고 안 하려고 해요!

아이는 자라면서 점차 새로운 세상을 경험하게 된다.
새로운 곳에도 가게 되고, 새로운 것도 배우게 되고, 새로운 음식도 먹게 된다.
그런데 아이가 새로운 것을 거부하고 안 하려고 한다면?
엄마, 아빠로서는 걱정이 앞설 수밖에 없다. 해 보지도 않고
무조건 안 하려고만 드는 아이, 어떻게 하면 좋을까?

01 "싫어요!", 회피하고 보는 아이

엄마: 우리 낙타 한번 타볼까?

아이: 싫어! 안 해!

엄마: 그러지 말고 한번 타 보자. 재미있어 보여.

아이: 안 한다고!

오랜만에 놀이공원으로 가족 나들이를 왔는데 아이가 이런 행동을 보이면 부모는 속이 상한다. 아이에게 좋은 경험, 다양한 경험을 하게 해주고 싶은데 아이가 온몸으로 거부하는 것 같아서 겁도 난다. 새로운 것 앞에서는 안절부절 못하고 손으로 얼굴을 가리고 뒷걸음질을 치는 아이의 모습에 억지로 하라고 할 수도 없고, 또 매번 아이의 뜻대로 해주다가 앞으로 다른 것도 안 한다고 할 것 같아 억지로라도 시키는 게 맞는지 고민이다.

이렇게 새로운 것 앞에서 엉덩이를 빼는 아이들의 경우 대부분이 소심하고, 쉽게 불안해하는 특징을 보인다. 또한 무력감, 우울감 등의 정서적인 어려움을 지니고 있다. 그래서 새로운 상황을 접할 때 일단 거부하고 보는 편이다.

또한 새로운 걸 회피하는 아이들은 말을 할 때도 부정적 어투가 주를 이루는데, 제대로 해 보지도 않으면서 쉽게 "안 되는 거 같은데…."라고 말할 때가 많다. 이러한 모든 것들은 '안 되면 어떡하나….'라는 불안감에서 비롯된다. 자신의 불안감을 들키지 않기 위해 겉으로 툴툴대며 센 척을 하기도 하고, 울고 매달리거나 도망치는 행동 등으로 표현하는 것이다.

그림으로 알아보는 아이의 마음

- 가족화 그림: 구성원들 사이의 거리와 크기로 아이의 마음을 짐작해 볼 수 있다. 특히 '나' 즉 '아이'가 그림의 어디에 위치하는지를 통해 자존감이나 불안감 등을 살펴볼 수 있다.

- 나무 그림: 나무를 그려서 볼 수 있는 것은 무의식적인 자아상이다. 예를 들어 종이를 꽉 채우는 커다란 크기의 나무, 뿌리와 나뭇가지를 뾰족하게 강조해서 그린 그림은 아이가 가지고 있는 내면의 약함이나 불안을 과잉보상하려는 심리로 볼 수 있다.

02 비일관적인 부모의 태도는 아이에게 두려움을 준다

새로운 것을 거부하는 마음은 '두려움'이라는 감정에서 시작된다. 그런데 이 두려움의 감정은 부모의 양육태도와 관계가 있다. 예를 들어 아이가 부모의 뜻대로 따라주지 않거나 문제 행동을 할 때 대부분의 부모는 "너 왜 못 해?" 하며 아이를 비난한다. 그러면서 이와 동시에 부모는 '내가 뭘 못 하고 있는 거지?', '유치원에 보내서 얻는 게 뭐지?' 등을 생각하며 자신이 뭔가 잘 못했기 때문에 아이에게 문제가 생긴 것은 아닌지 자책하게 된다.

그런데 이렇게 부모의 혼란스러운 감정은 비일관적인 양육으로 이어질 수 있고 지켜보는 아이의 두려움을 더욱 증가시킬 수 있다. 부모가 비일관적인 태도를 계속 보이면 아이는 무력감과 분노를 마음에 쌓게 된다. 그래서 새로운 상황 앞에서 망설이게 되고 또 그러한 상황을 제대로 못 다루게 되니까 화를 내는 것이다. 특히 엄마나 아빠가 시켜서 했는데 "이그, 네가 못 할 줄 알았어."라는 반응을 경험하게 되면 아이는 새로운 일에 선뜻 나서지 못하게 된다.

03 아이가 새로운 것을 거부할 때 부모의 Know-How

얼른 인수인계하고 자리를 피해요

아이가 새로운 체험 장소에 안 들어가려고 하고 망설이면 부모는 어쩔 줄 몰라 같이 발을 동동 구른다. 하지만 이런 행동은 아이에게 좋은 영향을 주지 못한다. 이때 짜증을 내거나 지나친 당부의 말을 하지 말고, "새로운 것을 하려니 조금 떨리는구나. 여기 선생님이 잘 지도해주실 거야. 그럼 힘 내!" 하고 가면 된다.

또한 이런 아이들은 자신이 먼저 시작하는 것을 매우 힘들어하므로 "해 볼래?", "할까?"라고 말하기보다는 밝고 유쾌한 톤으로 "~해!"라고 말해주는 게 활동 시작에 도움이 된다.

그리고 아이가 새로운 경험에 도전하고 그것을 잘 끝냈다면 아이가 했던 활동에 대한 즐거운 대화를 충분히 나눈 다음 아이의 엉덩이를 툭툭 쳐주며 "와, 우리 누구 많이 컸네. 오늘은 용기를 더욱 많이 냈구나."라고 칭찬해주는 편이 바람직하다.

아이를 믿는 마음이 필요해요

염려하는 마음 때문에 어딘가에 가기 전부터 너무 당부의 말을 늘어놓는다거나 떼어놓을 때 미적거리게 되면 아이는 '역시 나의 능력을 믿지 않는다.'라고 생각해 불안을 느낀다. 부모 자신이 아이와 떨어지지 못하고 아이와 함께하는 타인을 믿지 못해서는 안 된다. 이러한 불신이 아이에게 나쁜 영향을 미칠 수 있기 때문이다.

성공하는 경험을 하게 해주세요

능력이 안 되는 게 아니라면 아이가 직접 직면해서 극복해 보도록 놔두는 게 좋다. 자전거를 타기 두려워하는 아이라면 네 발 자전거, 세 발 자전거, 두 발 자전거와 보조 바퀴, 두 발 자전거 식으로 조금씩 성공 경험의 단계를 밟을 수 있도록 "나도 성공할 수 있다!"는 마음을 갖게 하는 편이 좋다.

지나친 위로나 격려는 나빠요

지나친 부모의 관심이 때로는 해가 될 때가 있는데 관심이 과한 경우 대개 아이를 믿고 기다려주지 않기 때문이다. 아이가 서툴러 보일 때마다 "엄마가 해줄게. 네가 하기엔 위험해!"라며 아이를 배제한다면 아이는 '아, 나는 아무것도 할 수가 없구나!'라고 느낄 수밖에 없다. 아이가 할 수 있다고 판단되면 믿고 기다려주는 편이 좋다. 그러기 위해선 "왜 그래?"라며 조급하게 짜증내고 자꾸 묻기보다는 아이가 관찰할 시간을 주는 태도도 필요하다.

억지로 밀어붙이지 않아요

아이가 새로운 일 앞에서 두려워한다면 말을 지나치게 많이 하지 말고 "오늘 이건 하기로 한 거니까 여기 있어야 해. 그런데 아직 준비가 덜 되었구나. 그럼, 여기서 살펴보며 준비하도록 하자." 정도만 말하고 가만히 있는 게 좋다. 그래서 아이가 조금씩 관심을 갖고 쳐다보기 시작하면 쉽게 할 수 있는 일부터 하도록 유도하면 된다.

04 아이의 두려움을 없애는 Know-How

스스로 긍정적인 기대와 믿음을 갖게 해요

'나는 못할 거야.'라는 마음을 갖고 있으면 어떤 일을 하다라도 두려울 수밖에 없다. '나도 할 수 있어.'라는 마음을 심어주는 게 좋다. 스스로의 긍정적인 기대와 믿음이 아이의 두려움을 없애주기 때문이다. 이렇게 아이가 스스로 긍정적인 기대와 믿음을 갖게 하려면 아이가 잘 못하는 일보다는 잘하는 일에 초점을 맞추는 게 좋다. 예를 들어 아이가 그림을 잘 그린다면 "우아, 우리 누구는 색을 참 잘 쓰는구나."처럼 얘기해주고, 비난과 지적을 삼가는 것이다.

아이의 욕구와 관심을 헤아려요

대개 '이건 지금 나이에는 경험해 봐야 할 일이야.'라고 부모는 판단을 하고 그래서 아이에게 경험해 보기를 강요하게 마련이다. 하지만 부모의 기준에서

만 판단하는 것은 옳지 않다. 부모의 기준으로 결정하지 말고 아이의 입장이나 마음을 헤아리는 게 좋다. 그래서 아이가 어떤 것에 관심이 있는지 어떤 것을 하고 싶어 하는지를 살펴봐야 한다.

애정과 통제 사이의 균형을 잡아요

아이에 대한 사랑이 지나쳐서 하루 종일 아이의 일거수일투족을 지켜보는 부모들이 많다. 그러다 보니 아이가 위험할까 봐 혹은 아이가 다칠까 봐 걱정

새로운 것을 두려워하는 아이를 위한 사랑의 처방전

뽁뽁이 터트리기

완충제인 뽁뽁이를 눌러서 터트리는 놀이이다. 먼저 "이 뽁뽁이는 우리의 걱정거리나 화나는 일, 무서운 일이야. 이제 이걸 하나씩 터트려서 없애버리자"라고 하면서 시범을 보인다. "나는 모기가 정말 무섭고 징그러워!" 혹은 "너를 잃어버리는 꿈을 꾸었을 때 정말 겁났어!" 식으로 시범을 보이고 아이의 행동을 유도한다. 그리고 아이가 무서워하는 것을 얘기하면 아이의 말에 "그렇구나."라며 수용해주는 게 좋다. 이런 활동을 통해 새로운 것을 두려워하는 아이들의 취약한 부분인 정서 인식 및 자기표현력을 높이며, 스트레스를 해소할 기회를 줄 수 있다. 동시에 부모는 아이의 감정을 보다 잘 이해하고 공감하는 연습을 할 수 있게 된다.

놀이 방법
1 아이와 뽁뽁이를 한 장씩 나누어 갖는다.
2 부모가 먼저 뽁뽁이를 터트리며 걱정거리를 말하는 시범을 보인다.
3 아이에게 걱정거리를 말하며 뽁뽁이를 터트리게 한다.
4 아이의 말을 이해하고 공감한다.

이 되어서 "그건 하지 마.", "조심해야 해.", "그렇게 하는 거 아니야." 식의 잔소리를 하게 된다. 그런데 이런 지나친 제재와 잔소리는 아이가 새로운 일에 도전하는 것을 막는 걸림돌이 된다. 따라서 잔소리를 줄이고 아이를 격려하고 애정을 표현하는 빈도와 강도를 높이는 게 좋다.

아이와 편하고 즐거운 놀이 시간을 가져요

아이가 두려움을 갖는 이유는 마음의 안정을 찾지 못해서이다. 한마디로 마음이 편하지 않고 긴장되어 있다는 말이다. 아이의 두려움을 없애기 위해서는 아이와 편하고 즐거운 놀이 시간을 많이 가져야 한다.

다섯 번째 이야기

자존감이 없으면 사회성에도 문제가 생긴다

문제 상황

자존감이 낮고 또래와 어울리지 못해요!

스스로를 귀하게 여기는 것이 자존감이다. 그런데 자기 자신을 드러내는 일을 두려워하고 자기를 표현하는 방법을 제대로 몰라 주위와 트러블이 생기는 아이라면 '혹시 자존감이 낮은가?' 하고 생각해 볼 필요가 있다. 자존감이 낮으면 사회생활에서 꼭 필요한 사회성도 낮아지기 때문에 힘든 일이 생길 수 있기 때문이다.

01 자존감이 없고 사회성이 부족한 아이

엄마: 오늘 학교에서 무슨 일이 있었어?

아이: 몰라!

엄마: 오늘 급식은 누구랑 먹었어?

아이: 몰라!

엄마: 도서관 갈 때 친구랑 같이 갈까?

아이: 싫어, 그냥 나 혼자 갈래.

한참 친구를 좋아할 나이의 아이가 이런 반응을 보이면 부모는 당황스럽기 마련이다. 우리 아이가 왜 이러나 하는 생각이 들어 걱정도 되고, 또래의 다른 아이들과는 많이 다른 것 같아서 고민도 된다. 사회성이 떨어지는 것 같아 슬며시 겁도 난다.

사실 요즘 부모들에게 아이가 어떤 아이로 자랐으면 좋겠냐고 물어보면 의외로 공부 잘하는 아이보다 사회성 좋은 아이로 자랐으면 좋겠다는 대답이 많다. 사회성이 단순히 또

> **사회성은 갖고 태어나는 것이다?**
>
> 사회성은 사회생활을 하려고 하는 인간의 근본 성질을 말한다. 인격 혹은 성격 분류에 나타나는 특성의 하나로 사회에 적응하는 개인의 소질이나 능력, 대인 관계의 원만성 따위이다. 그런데 사회성은 가지고 태어나는 성질이 아니라 부모의 노력에 따라 충분히 성장할 수 있는 성질이다.

래와의 관계뿐 아니라 성격 형성과 학습 능력에도 큰 영향을 미치기 때문이다. 뿐만 아이라 사회성이 좋은 아이는 어디서나 환영받을 수 있기 때문이다.

그런데 사회성은 스스로를 귀하게 여기는 자존감과 밀접한 연관이 있다. 스스로 바로 서있어야 주위와 좋은 관계를 맺을 수 있기 때문이다. 스스로에게 자신이 없으면 자꾸 움츠러들고 다른 방법으로 엇나가서 사회성이 떨어지기 마련인 것이다.

02 집 안에서 아빠 역할이 중요하다

많은 시간을 아이와 함께 있는 엄마는 아이의 정서적인 부분을 담당해주는 사람이다. 반면 아빠는 외부와의 교류, 사회와의 연결을 담당해주는 사람이라 할 수 있다. 다시 말해 아빠의 역할이 사회성과 많은 연관이 있다는 말이다.

아빠와의 관계가 전반적인 발달을 촉진해요

아빠가 육아에 적극적으로 참여할수록 아이의 두뇌 발달은 물론 인성과 사회성도 함께 발달된다.

아빠와의 관계가 행동 조절 효과를 가져와요

아이들은 대부분 내면에 공격성을 갖고 있다. 그런데 이 공격성을 기본적으로 누그러뜨릴 수 있는 역할을 아빠가 해줄 수 있다. 아빠와 야외활동을 하면서 몸을 쓰는 놀이를 통해 스스로 행동을 조절하는 힘을 키울 수 있는 것이다.

아빠와의 관계가 나비 효과를 가져와요

'나비 효과'란 지구 어딘가에서 일어난 작은 나비의 날갯짓이 뉴욕에 태풍을 일으킬 수 있다는 이론이다. 아빠가 엄마를 아끼고 힘을 실어주는 행동을 하면 엄마가 아이에게 긍정적인 행동을 하게 되고 결국 아이에게 아주 좋은 영향을 줄 수 있다는 의미이다.

아빠와의 관계가 건강한 성 정체성을 키워요

여자아이는 아빠, 남자아이는 엄마와의 관계를 통해 좋은 역할 모델을 배우게 된다. 따라서 아빠가 아이와 상호작용을 잘 하게 되면 여자아이는 더욱 여자답게, 남자아이는 더욱 남자답게 클 수 있는 것이다.

아빠 효과 실험

- 실험 주체: 영국 옥스퍼드 대학교
- 실험 주제: '아빠의 육아가 아이의 성장 발달에 어떤 영향을 미치는지'를 실험했다.
- 실험 대상: 1958년에 태어난 17,000명의 아이
- 실험 방법: 33세가 될 때까지의 발달 과정을 추적하였다.
- 실험 결과: 아이의 발달과 교육에 적극적인 아빠를 둔 아이들의 학교 성적이 더 좋고 사회생활과 결혼생활도 성공적이다.

03 바람직한 아빠 역할은?

그림자가 아닌 햇빛이 되어요

엄마와 달리 상대적으로 적은 시간을 함께하는 아빠는 짧은 시간도 효과적으로 시간을 보내야 한다. 집 안에서 그림자처럼 보이지 않는 역할이 아닌 햇빛처럼 든든하게 가족들을 감싸 안는 역할을 해야 한다.

든든한 중재자가 되어요

아빠의 중요한 역할은 엄마와 아이가 건강하게 분리하여 개별화되도록 돕는 것이다. 엄마와 아이가 하루 종일 붙어 있다 보면 서로에게 지칠 수도 있고 상처가 되는 말을 할 수도 있다. 이럴 때 아빠가 나서서 든든한 중재자 역할을 해야 한다. "오늘은 내가 민서와 책을 읽을게."처럼 역할을 나누기도 하고, "민서야, 오늘 아빠와 농구 한 경기 할까?"처럼 놀이나 훈육을 해주는 역할을 해야 하는 것이다.

04 자존감을 키워야 사회성도 좋아진다

나를 소중히 여기는 것이 자존감이에요

자존감은 말 그대로 자기 스스로를 존중하는 마음의 힘이다. "나는 괜찮은 아이다.", "나는 형편없는 아이다."라는 식의 평가적인 특징이 있다.

자존감은 어려운 일도 이겨내게 해요

자존감은 크게 '자기가치감', '유능감', '자신에 대한 호감'이라는 세 가지 부분으로 나누어진다.

'난 소중해.', '난 사랑받을 가치가 있어.'라고 느끼는 것이 자기가치감이다. 유능감은 '어려운 일도 해결할 수 있어.'라고 느끼는 것이다. 그리고 자신에 대한 호감은 실패를 해도 '이번엔 실수했지만 다음에는 더 잘할 수 있어.'라고 느끼는 것을 말한다.

자존감의 의미
- 행복과 성공으로 이끄는 열쇠
- 좌절을 견디는 힘
- 나와 세상을 바라보는 안경
- 인생의 버팀목이고, 나를 나답게 살 수 있도록 이끄는 힘
- 자기비판을 넘어서 있는 그대로의 자기를 수용하게 만드는 마음의 힘

자존감은 어린 시기에 형성돼요

사실 자존감이 형성되는 가장 결정적인 시기는 만 2세에서 7세까지이다. 이 시기에 기본적인 토대가 형성되기 때문에 안정된 애착을 기반으로 한 적절한 훈육이 이루어지는 과정으로 자존감의 기초공사를 해야 한다. 하지만 이 시기에 자존감이 형성되지 못했다고 해서 포기할 필요는 없다. 어린 시기에 자존감을 제대로 형성하지 못했다고 해도 노력 여하에 따라 충분히 그 이후에도 자존감은 만들어질 수 있기 때문이다.

〈자존감이 높은 아동 vs 자존감이 낮은 아동〉

	자존감이 높은 아동	자존감이 낮은 아동
일반적인 특징	• 자신감 높음 • 인정과 배려심이 높음 • 협상하면서 의사소통을 잘 함 • 긍정적임	• 자신감 낮음 • 의존적임 • 자신을 부정적으로 평가함 • 비합리적이고 왜곡된 생각을 많이 함
자주 쓰는 말	• "일을 해결하려면 어떻게 해야 할까?" • "나는 잘할 수 있어!" • "그래, 한번 해 보자!"	• "어떻게 해야 망신을 당하지 않을까?" • "혹시 혼나면 어떻게 하지?" • "이번에도 또 실패했네."

아이의 자존감, 높일 수 있어요

아이의 자존감을 높이기 위해서는 반복되는 성공 경험을 제공해주는 게 좋다. 혼자서 할 수 있는 양말 신기, 수저 놓기 등을 하게 해서 반복되는 성공 경험을 쌓아준다. 자존감을 높이려면 부모의 욕심을 줄이는 게 좋다. 욕심이 지나치면 아이가 성공을 해도 만족하지 못하기 때문이다.

그리고 칭찬을 많이 하는 게 좋은데 무조건적인 칭찬이 아닌 구체적인 칭찬을 해야 한다. "넌 원래 똑똑하니까 잘 해낸 거야."와 같이 기질을 칭찬하기보다는 "열심히 노력하더니 결국 해냈구나."처럼 노력을 칭찬하는 게 좋다. 또한 비교하는 칭찬을 해서는 안 되고 칭찬을 남발하지도 말아야 한다.

자존감 낮은 아이를 위한 사랑의 처방전

'My special book' 만들기

자신을 표현할 수 있는 책을 만드는 놀이이다. 잡지나 신문 속의 사진은 물론, 가족 사진, 아이 사진 등으로 자신을 표현하는 책을 만들게 하는 것이다. 아이는 이 과정을 통해 자신을 돌아보게 되고, 자신에 대해 긍정적인 느낌을 가질 수 있게 된다.

놀이 방법
1 아이의 사진 등 여러 가지 사진을 모은다.
2 두꺼운 종이를 접어 책 모양으로 만든다.
3 사진을 오려서 종이에 붙이며 이야기를 쓴다.
4 책을 다른 가족들에게 보여주며 자신에 대해 이야기한다.

여섯 번째 이야기

애착 형성에
문제가 있으면
마음 붙일 곳이 없다

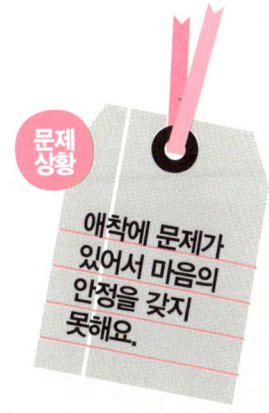

문제 상황

애착에 문제가 있어서 마음의 안정을 갖지 못해요.

애착은 애정과 비슷한 말로
특정한 사람에게 느끼는 강력한 정서적 결속을 의미한다.
아이의 경우 대부분 자신을 키워주고 옆에 있는 엄마에게 애착을 느끼게 된다.
그런데 애착을 느낄 대상이 없거나 애착 형성이 잘못되었다면
아이는 마음의 안정을 갖기 힘들 수밖에 없다.
제대로 애착을 형성하기 위해서는 어떻게 해야 하는지 알아보자.

01 아이와 양육자 간의 정서적 유대감, 애착

아이가 극도로 우울해하거나 거짓말을 하는 등 문제 행동의 주요 원인이 바로 '애착'이다. 애착이 잘 형성되지 못했기 때문에 성장을 하면서 여러 문제 행동을 하게 된다는

> 애착은 인생에서 특정한 사람과 맺는 긴밀한 정서적 결속력이다.
>
> – 영국의 심리분석가
> 존 보울비(John Bowlby)

것이다. 그렇다면 애착은 어떻게 만들어지는 것일까? 어떻게 해야 잘 형성할 수 있을까?

동시적 상호성이 필요해요

커플 댄스는 2명이 함께 추는 춤으로 춤을 출 때 서로 소통하고 반응한다. 이것이 바로 동시적 상호성이다. 아이와 양육자 사이에도 동시에 소통할 수 있는 능력이 필요하다. 서로 민감하게 반응하는 동시적 상호성은 대인 관계의 기본이 되는 호혜성과 상대에게 주목하는 방법을 배울 수 있게 한다. 따라서 동시적 상호성이 부족할 경우 상대에게 집중하지 못하고 산만한 행동이 나타날 수 있다.

접촉 위안을 주는 스킨십이 필요해요

아이는 스킨십을 통해 위안을 얻는다. 엄마와 아빠가 양팔을 벌리고 꼭 안

아주기만 해도 마음이 따뜻해지고 다 괜찮아질 것 같은 느낌이 들게 된다. 부드럽고 따뜻한 접촉은 애착 형성의 제1조건이 된다. 특히 첫 돌 전의 아이들은 감각 자극으로 통해 세상을 받아들인다. 사람의 몸에 가장 넓게 분포되어 있는 감각 자극이 바로 촉각이기 때문에 촉각을 통해 아이는 세상을 배우고 접하고 또 알게 되는 것이다.

02 애착 형성은 아이를 위해 필요하다

애착을 왜 형성하는지에 대한 사람들의 견해는 제각각이다. 그중 대표적인 몇 가지 관점을 살펴보면 다음과 같다.

원숭이 애착 실험
- 실험 주체: 미국의 심리학자 해리 할로우(Harry Harlow)
- 실험 주제: '동물은 무엇을 통해 애착을 형성하는지'를 실험했다.
- 실험 대상: 새끼 원숭이
- 실험 방법: 갓 태어난 새끼 원숭이를 어미와 분리시켜 철사 몸통 위에 헝겊 천을 입힌 대리모 인형과 철사 몸통을 그대로 둔 대리모 인형에게 먹이를 주도록 하였다.
- 실험 결과: 모든 새끼 원숭이들이 헝겊 천을 입힌 대리모 인형에게 애착을 형성하였다.

동물행동학적 관점

갓 태어난 동물은 눈에 보이는 대상에 무조건 달라붙는 본능을 타고난다. 이러한 이유는 생존을 위한 것으로 각인 및 선적응적 행동을 하도록 만들어졌다. 인간 역시 생물학적으로 생존을 위해 애착을 형성하도록 만들어졌다고 보는 견해이다.

> **애착의 필요성을 반증하는 시설증후군**
>
> 제2차 세계대전 이후에 생겨난 전쟁 고아들은 시설에서 지내며 먹을 것이 충분히 주어졌음에도 불구하고 병이 나거나 목숨을 잃기도 하였다. 이런 현상을 '시설증후군'이라고 하는데 아이가 생후 1년 내에 양육자와 정서적 교감을 못하면 신체와 정신에 손상을 입고, 심할 경우 사망에 이르는 증상을 말한다.

큐피 인형 효과

넓은 이마, 토실토실한 볼이 특징인 '큐피 인형'과 비슷한 아이의 얼굴은 어른의 긍정적인 반응을 끌어내게 된다. 귀여운 아이의 얼굴에 "아이, 귀여워라!"라고 말하고 쓰다듬어 주고 싶은 자연스러운 반응을 이끌어내 애착 형성을 하게 한다는 것이다.

아이의 반사 반응

아이들은 누가 가르쳐주지 않았는데도 젖을 찾아서 빨고 손가락을 잡아당긴다. 태어나면서부터 젖 빨기, 젖 찾기, 손잡기 등의 무의식적인 반사 반응을 가지고 있다는 말이다. 이런 아이의 반응은 어른들로 하여금 아이와 함께 애착을 형성하고 싶게 만든다.

어른의 보살핌 본능

어른이 아이의 상태나 귀여운 모습에 반응하는 것은 자연스러운 일이다. 우는 아이를 달래고 싶어 하는 본능이 있고, 웃고 있는 아이를 보면 귀여워해주고 싶어 하는 본능이 있다는 의미이다.

애착은 안정 애착과 불안정 애착으로 나뉜다

아이가 '낯선 상황'과 '분리 상황'에 놓였을 때의 반응을 살펴보고 이를 통해 애착 유형을 4가지로 나눈다. 다시 말해 자주 가던 곳이 아닌 곳에 아이를 데리고 가고 엄마가 다시 자리를 비웠을 때의 상황을 만들어서 아이의 반응을 보는 것이다.

안정 애착	특징	• '낯선 상황'이나 '분리 상황'에 놓여도 당황하지 않는다. • 엄마가 나갔다 들어와서 달래주면 금세 안정을 찾는다.
	경우	• 정서적 안정감과 적극적인 탐색 행동을 보이는 아이 • 양육자가 민감하고 일관성이 있으며 예상 가능한 경우

불안정 애착	회피 애착	특징	• '낯선 상황'에 전혀 신경 쓰지 않는 것처럼 보인다. • 엄마가 나갔다 들어와도 신경 쓰지 않는다.
		경우	• 조숙하거나 지나치게 독립적인 모습을 보이는 아이 • 양육자가 너무 엄하거나 과잉자극을 주는 경우
	저항 애착	특징	• '낯선 상황'에서 울면서 매달리며 달라붙는다. • 엄마가 나가면 극도의 흥분 상태에 빠진다.
		경우	• 매달리는 행동과 밀치는 행동을 동시에 하는 아이 • 양육자가 둔감하거나 양육태도에 일관성이 없는 경우
	혼돈형 애착	특징	• 엄마가 나가면 찾지만 막상 나타나면 놀라며 피한다. • 엄마가 없으면 불안해하기도 하고 그러지 않기도 한다.
		경우	• 양육자의 불안정한 태도나 학대를 경험한 아이 • 양육자가 우울이나 중독 문제를 겪고 있는 경우
기타	통제 행동에 이상을 보이는 경우	특징	• 양육자에게 대장처럼 행동한다. • 양육자가 아이에게 정서적으로 의존한다.
		경우	• 양육자와의 역할이 뒤바뀐 아이 • 양육자가 아이에게 지나치게 의존하고 있는 경우

04 애착은 조금씩 형성된다

아기가 태어나서 3개월까지는 사람에 대한 무분별한 반응을 보인다. 굳이 엄마, 아빠라고 해서 웃지 않는다는 의미로 애착이 아직 형성되지 않았다는 뜻이다. 그러다 3개월에서 6개월이 되면 낯익은 사람에게 초점을 맞추곤 한다. 6

개월 이후가 되면서부터는 애착 행동이 본격화되는데 특히 7~9개월에는 '특정인 애착 단계'로 엄마나 아빠 등 한두 사람에게만 애착을 보인다. 10개월에서 18개월까지는 한 명 이상의 여러 사람에게 애착을 보이는 형태로 발전한다.

이 기간 동안 애착이 잘 형성되기 위해서는 붙고 떨어지는 과정을 거쳐야 한다. 태어나서 18개월까지는 1차 애착 즉 '붙는 애착'을 형성하고, 18개월부터 3세까지는 '분리 및 개별화 과정'을 형성한다. 그러다 3세 이후에는 동반자 관계를 형성하는 것이다. 동반자 관계는 안정적인 애착이라고 할 수 있다. 이 시기에 애착이 제대로 형성되지 못하면 아이가 주의산만하고 불안정해질 수 있다. 뿐만 아니라 애착은 생존의 필수 조건이기도 하다.

하지만 만약 애착이 바르게 형성이 되지 않았다고 해도 충분히 바로잡을 수 있다. 잘못 형성된 애착이라도 노력한다면 바꿀 수 있기 때문이다. 시간은 걸리지만 아이를 잘 관찰하면서 아이에게 부족한 부분이 무엇인지 살펴본다면 애착을 바르게 형성할 수 있을 것이다.

아이의 애착 형성이 제대로 되고 있는지 확인하는 사랑의 처방전

사랑으로 관찰하기

첫 돌 전의 아이들은 아이의 행동에 주목하면 애착 형성이 제대로 되고 있는지 알 수 있다. 예를 들어서 아이를 쳐다봤는데 아이가 의식적으로 고개를 돌리면 불편하거나 싫다는 뜻이기 때문에 애착에 문제가 있다고 봐야 한다. 그리고 첫 돌 이후에는 아이의 탐색 행동을 잘 살펴야 한다. 낯선 장소에 갔을 때 탐색을 하지 않거나 지나치게 돌아다닐 경우에도 애착에 문제가 있을 수 있기 때문이다.

PART 2

부모 마음 처방전
"부모도 너무 힘들어요"

첫 번째 이야기

열 손가락
깨물어 덜 아픈
손가락 있다

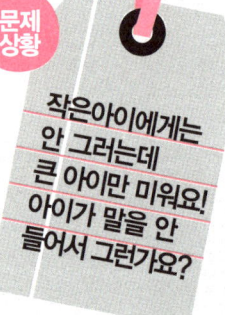

문제
상황

작은아이에게는
안 그러는데
큰 아이만 미워요!
아이가 말을 안
들어서 그런가요?

열 손가락 깨물어서 안 아픈 손가락 없다고 모든 자식이 똑같이 소중하다고
부모는 말한다. 하지만 이상하게 더 정이 가는 아이가 있는 반면
이상하게 어긋나는 아이가 있어 부모로서도 속이 상하다.
그러다 보니 그 아이에게는 소리도 더 치고 잔소리도 더 하게 되는 게 사실이다.
유달리 미운 아이, 어떻게 하면 좋을까?

01 차별 당하는 아이는 슬프다

아이는 기본적으로 사랑받고 싶은 마음을 가지고 있다. 그게 가장 많은 시간을 보내고 있는 엄마와 아빠에게 받는 사랑이라면 두 말할 것도 없다. 그런데 부모가 자신은 예뻐하지 않고 잔소리만 하면서 동생 또는 다른 형제만 예뻐한다면 아이는 말 못할 상실감을 느낄 수밖에 없다.

똑같은 잘못을 해도 다른 형제에게는 "안 다쳤어? 조심하지!"라고 하면서 자신에게만 유독 "야! 네가 그러니까 다치지! 내가 못 살아!"라고 소리를 지른다면 아이는 '나를 사랑하지 않나봐'라고 느끼게 되고, 부모에 대한 내적 분노와 불안감을 갖게 되는 것이다.

그래서 겉으로는 "네, 네." 하고 순응하는 것 같아 보여도 내면에는 자신의 욕구나 감정을 이해받지 못한 것에 대한 좌절감, 억울함, 분노를 쌓아둘 수밖에 없는 것이다. 특히 아이는 커가는 과정에서 부모와 충분한 정서적 교류를 나누어야 하고 부모의 지지를 받아야 한다. 그런데 그러지 못하면 아이는 의지할 대상을 잃게 되고 겉으로 보기에는 독립적인 것처럼 보여도 사실상 부정적인 자아가 싹틀 가능성이 있다는 말이다.

이렇게 차별을 당하며 자란

> **불안정 애착의 문제점**
> - 부모를 통해 역할 모델링을 제대로 배우지 못하면 아이가 나중에 좋은 부모가 되는 데 어려움을 겪을 수 있다.
> - 스스로 좋은 부모가 되지 못한다는 생각에 자책감, 우울감이 심화될 확률이 높다.

아이들은 불안정 애착 중 '회피 애착'을 형성한다고 볼 수 있다. 회피 애착은 부모가 매정하거나 비난적이고 처벌적일 때 또는 지나치게 간섭하고 과잉자극을 제공할 때 형성될 수 있다.

02 차별하는 부모도 괴롭다

둘째가 태어나면 대부분의 가정에서는 첫째는 다 컸다고 생각한다. 반면 아직 어린 둘째는 부모의 손이 하나부터 열까지 다 필요하다고 여긴다. 그래서 둘째는 끼고 키우지만 첫째는 한쪽으로 밀어두게 되는 것이다. "혼자서 알아서 해. 넌 이제 언니(형)잖아. 알았지?"라는 말과 함께 말이다. 그렇지만 아직 첫째 아이도 어리기 때문에 부모의 기대에 부응하지 못하는 일이 많다. 동생을 보는 것도 제대로 못할 수밖에 없고, 자기 방을 치우는 일도 미숙할 수밖에 없는 것이다.

또한 부모도 사람이기 때문에 자신과 더 잘 맞는 아이에게 조금 더 관대해지기 마련이다. 이것을 '기질적 차이'라고 말할 수 있다. 나와 취향이 잘 맞거나 감정이 비슷하거나 내 말에 잘 호응을 해준다거나 하는 기질은 사람마다 다르기 때문에 잘 맞는 아이와 그렇지 못한 아이에게 대하는 게 다를 수 있다. 그리고 사람은 '효능감'이라는 감정을 가지고 있어서 '내가 쓸모가 있구나. 내가 부모 노릇을 잘하고 있구나.'라고 느끼게 하는 아이에게 더 부모로서 잘하려고 하는 경향을 보이게 된다.

뿐만 아니라 아기를 낳고 나서 부모는 크나큰 생활의 변화를 겪게 되고 또 자신의 생활에서 많은 부분을 포기해야 한다. 잠도 포기하고 개인적인 시간도 포기하고 자신을 꾸미는 일도 힘들어지는 것이다. 그러다 보면 '내가 왜 이렇게 살지?'라고 생각해 우울증을 겪게 되기도 하고 우울증이 심해지면 아이까지 미워질 수 있다.

하지만 이런저런 이유로 아이를 미워하고 차별하는 부모라도 '부모는 부모'이다. 그래서 마음이 편하지는 않는 것이다. '내가 지금 큰아이에게 너무한 것이 아닌가?'라고 자기반성을 하기도 하고 '큰아이랑 이러다가 영영 어긋나는 게 아닌가?'라고 걱정이 되기도 한다. 차별하는 부모의 마음도 괴롭기는 마찬가지다.

차이와 차별
- 차이: 서로 같지 않고 다른 것을 차이라고 한다. 아이들 사이에는 차이가 존재하기 마련이다. 같은 부모 밑에서 태어난 아이라고 해도 온순한 아이가 있는 반면 반항적인 아이도 있고, 공부를 잘하는 아이가 있는 반면 그렇지 못한 아이도 있을 수 있다.
- 차별: 둘 이상의 대상을 각각 등급이나 수준 따위의 차이를 두어서 구별하는 것을 말하는데, 아이들을 차별해서는 안 된다. 공평하지 못한 차별을 겪게 되면 아이는 좌절감을 느낄 수밖에 없다.

03 미운 아이에게 한걸음 다가가는 Know-How

아이나 자신에 대한 부정적 생각이 들 때 이를 멈추고 긍정적으로 생각하는 연습을 꾸준히 해야 한다. 이때 배우자나 가족, 친구 등 가까운 사람들의 도움이 절실한데, 가까운 사람이 적극적으로 친밀감을 표현하고 위로나 격려와 같은 심리적인 지지와 수용을 꾸준히 제공하면 긍정적으로 생각하는 데 큰 도움이 된다.

스스로 자신감을 가져요

'나는 이미 이 아이와 완전히 틀어졌어. 어떻게 해도 안 될 거야.'라는 마음은 버려야 한다. 스스로 자신감을 갖는 것이 좋다. '아이와의 관계가 좋아질 수 있다. 할 수 있어! 해 보겠어.'라는 생각을 가져야 한다. 너무 쉽게 포기하고 무력해지면 아이와의 관계를 바로잡을 수 있는 기회를 점점 더 잃게 될 뿐이다.

아이의 의도를 긍정적으로 해석해요

아이가 아무 의미 없이 한 행동에도 '역시 쟤는 나를 미워해.'라고 생각하는 일은 옳지 않다. 아이가 자기 방을 청소했다면 '무슨 꿍꿍이가 있길래 평소에 안 하던 방 청소를 했지?'라고 생각하지 말고 아이의 의도를 긍정적으로 해석해야 한다. 그래서 '와, 정말 잘했구나.' 하는 마음만 갖도록 노력하는 자세가 필요하다.

아이와 함께하는 시간을 가져요

아이의 숙제를 검사하고 아이에게 공부만 가르치게 되면 아무래도 잔소리를 할 수밖에 없다. 학습적인 부분 외의 다른 활동을 아이와 함께 하면서 시간을 가져보는 게 바람직하다. 그러면 아이도 부모에게 의지하는 부분이 생길 것이고 좋은 시간이 쌓이는 만큼 좋은 감정도 생기게 된다.

잦은 갈등 상황에 대한 대처 방안을 찾아요

만약 아이가 집 안을 어지르는 문제로 잦은 갈등이 있었다면 이 부분을 해결하기 위한 방법을 찾아야 한다. 예를 들어서 아이와 충분히 이야기를 나눈 다음 '책상 위는 어질러도 잔소리하지 않기!', '자기 방은 하루에 10분씩 꼭 정리하기!'처럼 방법을 찾는 것이다. 이렇게 의논을 해서 방법을 모색해두면 갈등 상황도 훨씬 줄어들 수밖에 없다.

미운 아이를 사랑하는 사랑의 처방전

1.1.1 법칙 따르기

서로 미워하는 마음이 쌓여서 관계가 서먹하다면 의식적으로라도 서로에게 좋은 행동을 하는 시간을 만들 필요가 있다. 스킨십을 좀 더 많이 해주고, 아이의 좋은 점을 구체적으로 찾아 말해주어야 한다. 다른 형제와의 갈등이 있을 때도 아이의 입장을 잘 들어주면 아이를 사랑할 수 있는 마음이 생긴다. 이때 '1.1.1 법칙'을 만들어 꼭 따르도록 노력해 보는 게 좋다.

법칙 1. 하루에 한 번씩 안아주세요.
법칙 1. 하루에 한 번 칭찬해주세요.
법칙 1. 하루에 한 번 편을 들어주세요.

부모 자신의 문제를 해결해요

아이에게 날카롭게 굴고 신경질적으로 반응한 것이 혹시 부모 자신의 문제 때문은 아닌지 생각해 봐야 한다. 어린 시절 자신의 부모에게 따뜻한 보살핌을 받지 못해서 그것이 쌓여서 문제가 된 것은 아닌지, 배우자와의 관계가 소원해서 문제가 된 것은 아닌지, 몸이 피곤해서 문제가 된 것은 아닌지를 점검해 봐야 한다. 이렇게 살펴봐서 문제가 있다면 부모 자신의 문제들을 먼저 해결하는 것이 바람직하다. 그래야 아이에게도 너그럽게 대하고 열린 마음으로 대할 수 있기 때문이다.

두 번째 이야기

말 많은 아이, 부모도 지친다

문제 상황

아이가 말이 너무 많고 질문을 너무 많이 해요!

재잘재잘 하루 종일 말을 하는 아이.
"병아리끼리는 어떻게 얘기해요?", "원숭이는 화가 나면 어떻게 해요?"처럼 질문이 폭포수처럼 쏟아지는 아이.
이런 아이를 키우는 부모 입장이라면 난처한 순간이 한두 번이 아니다.
매번 일일이 대답을 해줄 수도 없고 안 해줄 수도 없어서 고민이 되기 때문이다.

01 아이의 질문에 모두 대답할 필요는 없다

아이가 정말 말이 많고 질문이 많다면 어느 정도로 질문에 답을 해주어야 하는 걸까? 어떤 질문에는 꼭 대답해야 하고 또 어떤 질문은 슬쩍 모르는 척하고 넘어가도 되는 걸까?

질문의 의도를 파악해요

먼저 아이가 정말 궁금해서 하는 질문인지, 낯선 상황이거나 긴장해서 하는 질문인지, 공부를 하기 싫어서 다른 말을 하는 것인지, 그냥 눈에 보이는 대로 묻는 것인지를 알아야 한다. 아이의 질문 의도가 무엇인지 우선 파악해야 한다.

의도에 따라 다르게 대응해요

아이가 정말 궁금해서 물어본다면 기본적인 사항에는 답해주지만 좀 더 자세한 부분은 스스로 찾아보게 한다. 하지만 아이가 긴장되는 상황이라서 질문으로 회피하려고 했다면 아이의 마음을 읽어주는 게 좋다. "지금 공부하기 싫구나."처럼 말이다. 그리고 아이의 질문이 산만함 때문이라면 "잠깐! 이게 눈에 보였구나. 그런데 우리는 지금 이것을 하고 있는 중이었는데, 이것 먼저 하고!"라며 주의환기를 시키면서 주의집중의 방향을 잡아주는 것이 바람직하다.

질문에 종류에 따라 다르게 대응해요

"호랑이는 영어로 뭐예요?"라는 질문처럼 기본적인 지식을 묻는다면 대답을 해주는 게 좋다. 하지만 "이건 어떻게 해요?"와 같이 아이가 문제를 해결하기 위한 방법에 대한 질문을 할 때에는 힌트만 주는 게 좋다. 그리고 해결책에 대해 생각해 보고 스스로 해결할 수 있도록 기다려주는 태도가 바람직하다.

〈산만한 아이 체크 리스트〉

	내용
1	끊임없이 움직이거나 마치 모터가 달린 것처럼 행동한다.
2	지나치게 말을 많이 한다.
3	질문이 채 끝나기도 전에 대답을 해 버린다.
4	한번 시작한 일을 끝내지 못한다.
5	할 수 있는 일을 시키는데도 따르지 않는다.
6	자기가 해야 할 일을 잘 잊거나 물건을 잘 잃어버린다.
7	물건이나 돈을 남몰래 훔친 일이 있다.
8	식사 중 식탁에 제대로 앉아 있지 않고 일어났다 앉았다 한다.
9	TV를 보면서 가만히 있지 못하고 꼼지락거린다.
10	잠드는 것이 힘들다.
11	수면 시간이 너무 짧다.
12	공부를 할 때 자세한 설명에 집중하지 않거나 부주의한 실수를 한다.
13	학교 공부가 부진하다.
14	숙제를 시키면 자꾸 딴짓을 하여 몇 시간이 걸린다.
15	놀이를 할 때 자기 순서를 기다리지 못한다.
16	한 장난감을 가지고 오래 놀지 못하고 다른 장난감으로 계속 바꾼다.
17	주로 신체 놀이를 많이 한다.

18	자기가 좋아하는 한두 가지 놀이나 활동에 오래 집중하는 반면 다른 활동들에는 집중 시간이 짧다.
19	외출 시 침착하지 못하고 들떠 있다.
20	쇼핑을 하는 동안 여러 물건을 만지는 등 침착하지 못하다.
21	쉽사리 흥분하고 충동적이다.
22	자주 또 쉽게 울어 버린다.
23	요구하는 것이 있으면 금방 들어주어야 한다.
24	화를 터뜨리거나 감정이 격해지기 쉽고 행동을 예측하기 어렵다.

산만함과 호기심의 경계는 구분하기 어렵다. 하지만 산만한 아이의 경우에는 주의전환이 잘 되지 않는다는 특징이 있다. 산만한 아이들은 자신이 좋아하는 일을 할 때에는 아무리 지시를 해도 쉽게 지시에 주의를 기울이지 못하고, 자신이 크게 관심이 없는 경우에는 이런저런 일에 주의전환이 상당히 빠르다.

02 말 많고 산만한 아이를 위한 일반적인 Know-How

훈육보다는 환경 조성이 우선이에요

산만한 아이에게 "산만하게 행동하지 마!", "집중해!"라고 말하는 것은 절대 옳은 방법이 아니다. 훈육을 하기보다는 산만해지지 않는 환경을 만들어주는 게 더 좋기 때문이다. 예를 들어서 공부하는 아이의 책상 위에 장난감이나 만화책 등이 놓여 있으면 아이는 쉽게 문제집에 집중할 수가 없다. 따라서 아이의 방은 최대한 단순하게 꾸며주어야 한다.

또한 식사 시간에 1시간 이상 의자에 얌전히 앉아 있어야 하거나 조용히 관람을 해야 하는 박물관에 산만한 아이를 데리고 가는 일은 바람직하지 못하다. 당연히 이런 환경에서는 아이가 혼날 상황이 만들어질 수밖에 없다. 그러니 너무 고급스러운 레스토랑이나 박물관보다는 놀이방이 있는 음식점이나 놀이공원 등으로 가는 것이 좋다.

제일 힘든 사람은 아이 자신이라는 것을 이해해요

스스로 집중을 하지 못하고 산만할 때 가장 힘든 사람은 아이 자신이다. 그러니 아이에게 화를 내지 말고 아이의 마음을 이해해주는 자세가 필요하다. 제일 힘든 사람이 아이니까 "너도 잘 하고 싶지만 잘 안 되는 것이지?"라고 하면서 아이의 마음을 읽어주어야 한다.

아이의 행동 특징을 이해해요

산만한 아이들은 일반적으로 집중을 잘 하지 못한다. 그리고 허풍떨기, 감정에 대한 공감의 어려움, 상황 파악 능력이 떨어지는 행동 등을 보인다. 예를 들어 같이 보고 있는 TV 프로그램 내용을 이해하지 못해서 "엄마, 저 아줌마 왜 울어?"라고 물어보기도 한다. 이러한 특징이 산만한 아이의 행동 특징이라는 점을 부모가 이해하고 받아들일 필요가 있다.

긍정적인 측면을 찾아요

산만한 아이를 보며 '이 아이는 왜 저럴까? 왜 다른 아이들처럼 집중하지 못하고 저렇게 산만하기만 할까?'라고 한숨을 쉬는 태도는 좋지 못하다. 아이의 긍정적인 측면을 찾아서 칭찬해주고 격려해주어야 한다. "윤주는 기억력이 참 좋구나.", "동현이는 인사를 잘 해서 멋져!"처럼 말이다.

 산만한 아이를 위한 증상별 Know-How

아이에게 충동성이 강하게 나타나는 경우

생각 없이 그리고 결과를 거의 고려하지 않고 행동하는 성향을 가리켜 '충동성'이라고 한다. 아이가 충동성이 강할 경우에는 해야 할 행동과 과제를 짧게 끊어서 말해주는 게 바람직하다. 예를 들어 "학교 가기 전에 학교 갈 준비해야지."라고 말하는 것이 아니라, "지금 세수하고 양치하고 그다음에 옷 입어야 해."라고 말하는 식이다.

그리고 말보다는 행동을 먼저 보여주는 게 좋다. 아이에게 "하지 마!"라고

말 많고 산만한 아이 훈육법

1 아이의 특성을 이해한다.
2 놀이 시간은 엄마, 아빠와 마음을 나누는 시간으로만 활용한다.
3 자기조절 능력을 키워준다.
4 시각적 집중력을 높일 수 있는 놀이를 한다.
5 결과보다는 과정의 중요성을 알려준다.

말하기보다는 아이의 손을 꼭 잡고 하지 못하도록 행동으로 보여주는 것이다. 또한 아이의 주의를 환기시키기 위해 신호를 보내는 방법도 좋다. 박수를 짧게 2번 '짝짝' 하고 친다거나 "잠깐!" 하고 단호하게 얘기하는 식으로 말이다.

아이에게 산만함이 더 많이 나타나는 경우

아이가 엄마와 함께 문제집을 풀다 말고 "엄마 그런데 어제 본 TV에서…." 하면서 다른 이야기를 꺼낼 수 있다. 이렇게 아이가 산만한 태도를 보일 때는 "응, 그래. 우리 문제 풀던 거 끝까지 풀고 얘기하자."와 같이 이전의 행동을 상기시키는 게 좋다. 이때 부모는 다소 천천히, 낮은 톤으로 간결하게 의사전달을 해야 한다. 부모의 말이 많아지고 길어지면 아이는 자칫 더 산만해질 수 있기 때문이다.

그리고 과제나 놀이가 끝나면 사용한 물건은 즉시 치우게 하고 과제를 할 때

산만한 아이를 위한 사랑의 처방전

동화 틀리게 읽기

같은 동화책을 놓고 함께 읽는 놀이이다. 이때 부모가 일부러 단어를 틀리게 읽고, 아이가 이를 찾게 하는 방식인데, 시각과 청각적 주의력을 증진시키는 데 도움이 될 수 있다.

읽는 방법
1 동화책을 아이와 함께 읽는다.
2 부모는 일부러 단어를 틀리게 읽는다.
3 아이는 부모가 틀리게 읽은 부분을 찾아낸다.

는 처음에는 좋아하는 부분에서 시작해 나중에는 별로 관심이 없는 부분으로 이어지도록 배치하는 게 좋다. 과제는 쉬운 것에서 어려운 것으로 해나가면서 아이가 성공 경험을 많이 하도록 유도해준다.

또한 집중하고 있을 때는 충분히 격려하고 보상을 해주어야 한다. 머리를 쓰다듬어주거나 미소를 지으며 볼에 뽀뽀해주는 정도가 좋고, 같이 게임하기 등의 것들이 바람직하다. 이때 게임을 같이 한다면 '그림에서 빠진 부분 찾기', '그림에서 틀린 부분 찾기', '문장에서 틀린 말 찾기', '순서 맞추기' 등이 산만한 아이에게 도움이 될 수 있다.

세 번째 이야기

좋은 부모가
되고 싶지 않은
부모는 없다

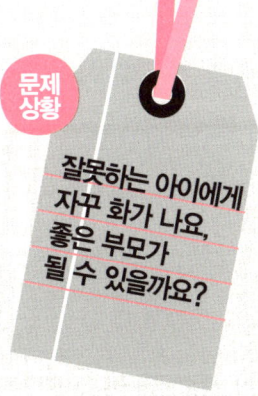

문제 상황

잘못하는 아이에게
자꾸 화가 나요.
좋은 부모가
될 수 있을까요?

너무 예쁘고 귀여운 아이지만 하지 말라는 행동을 하고, 하라는 것을 하지 않으면
부모는 화가 난다. 부모도 사람이기 때문에 화가 나면 소리를 지르기도 하고,
아이에게 짜증을 내기도 하고, 매를 들기도 한다. 하지만 이럴 때
부모의 마음도 좋지는 않다. 아이와 부모 모두 행복해질 수 있도록
좋은 부모가 될 수 있는 방법은 무엇일까?

01 만 3세 아이에게 좋은 부모란?

아이에게 좋은 부모가 되고 싶지 않은 사람은 없을 것이다. 누구나 좋은 부모가 되고 싶고 아이를 잘 키우고 싶다. 하지만 아이가 말을 듣지 않으면 화가 나고 체벌을 하게 될 수도 있다. 그런데 이런 과정을 되풀이하다 보면 부모 스스로도 '나는 정말 좋은 부모가 될 자격이 없는 건가?' 하는 자괴감을 느끼게 된다.

이제 막 만 3세가 되어가는 아이들을 보면 정말 귀엽다. 그러면서도 말이 많아지고 호기심도 많아져 하루 종일 재잘대는 아이들을 보면 정신이 없다. 또한 말문도 트이고 궁금한 것도 많아지는 아이를 위해 '공부를 좀 가르쳐 봐야겠다.'라고 대부분의 부모는 결심을 한다. 하지만 만 3세의 인지 발달 수준을 제대로 알고 있지 않으면 아이에게 오히려 좋지 않은 영향을 줄 수 있다. 좋은 부모가 되기 위해서 하는 행동이 안타깝게도 좋지 않은 부모가 되기 위한 행동이 될 수 있다는 말이다.

집중 시간이 짧은 만 3세 아이들

만 3세의 아이들은 주의집중 시간이 매우 짧아 10분 이상 한 가지 활동에 집중하기 힘들다. 만 3세 아이가 교육에 집중하는 시간은 단 5분에 불과하다는 사실을 명심해야 한다. 때문에 아이와 30분, 1시간 동안 같은 활동을 할 수 있을 것이라는 계획은 수정할 필요가 있다.

또한 만 3세의 아이들은 호기심이 참을성보다 더 크다. 그렇기 때문에 하지 말라는 행동을 계속하는 경향이 있다. 그래서 "위험해! 식탁 위에는 올라가지 말라고 했잖아."라고 얘기를 해도 그때뿐이지 다음에도 또 똑같이 식탁이나 위험한 곳에 발을 들여놓을 수가 있다는 의미이다.

뛰어내리기를 좋아하는 만 3세 아이들

아이들을 자세히 보면 '왜 얌전히 걸어 다니지 않을까?' 하는 생각이 절로 든다. 높은 곳에 올라가기는 예사이고, 매달리고 뛰어내리는 일은 기본이다. 특히 만 3세의 아이들은 운동 발달 단계상 걷기, 뛰기 등을 잘하고, 뛰어내리기, 매달리기, 높은 곳에 올라가기 등의 활동을 많이 하기 때문에 더욱 그러하다. 따라서 아이들에게 대근육 사용은 물론 소근육을 사용하는 활동을 많이 하게 해서 근육을 균형 있게 키워주어야 한다. 대표적인 소근육 운동으로는 블록 쌓기, 가위질하기, 인형 옷 갈아입히기 등이 있다.

아이가 위험한 행동을 하면?
- 마음껏 뛰어놀 수 있는 장소를 찾아준다.
- 무조건 제한하는 대신 상황과 장소를 고려해서 적절한 대안을 준다.
- 만 6세 미만의 아이들은 하루에 30분 격렬한 신체 놀이를 하게 해준다.

02 좋은 부모가 되기 위해 버려야 할 교육법

아이를 키우면서 부모는 잘 하려고 하지만 실수를 할 때도 많다. 그래서 잘

못된 교육법을 아이에게 강요하고 또 아이와 삐걱대는 관계로 힘들어하기도 하는 것이다. 그렇다면 부모가 버려야 할 교육법으로는 어떤 것들이 있을까?

아이에게 미운 말을 해요

"너 때문에 정말 힘이 들어!", "너는 생각이 있는 거니? 없는 거니?" 식의 말은 아이에게 상처를 준다. 아이의 행동에 미운 말로 감정적인 대응을 하게 되면 아이 역시 미운 말을 할 수밖에 없다. "엄마 미워!", "아빠가 없으면 좋겠어." 처럼 말이다.

아이에게 미운 말을 하는 교육법은 아이가 부모의 사랑을 확신하지 못하게 한다. 그래서 부모의 눈치를 많이 보게 되며 수치심, 죄책감을 느끼게 만든다.

아이에게 잔소리를 해요

"하지 마!", "안 돼. 그렇게 하는 거 아니야!"처럼 부모가 아이의 행동에 일일이 통제를 하고 잔소리를 하는 것도 잘못된 교육법이다. 이러한 부모의 태도에 뭔가 해 보려고 하는 아이의 욕구는 좌절되고 만다. 그리고 어른은 항상 자신에게 뭔가 지시하고, 제한하는 존재라고 느낄 수밖에 없다. 그래서 유치원이나 어린이집에 가서 만만한 또래 친구에게 자신의 힘을 행사하려는 반발적인 행동을 하기도 한다.

아이에게 체벌을 해요

몸에 직접 고통을 주어 벌하는 것을 '체벌'이라고 한다. 체벌은 아이의 좋은 점을 발달하지 못하게 할 수도 있다. 아이의 성장 발달에 좋지 않는 영향을 주어 아이의 신체적, 정신적 자아상에 큰 손상을 줄 수 있다.

체벌이라고 하면 흔히 신체적으로 때리는 것을 말하는데, 아직 어린아이들은 사실 맞을 정도의 큰 잘못을 하지는 않는다. 그런데 체벌을 하게 되면 아이로 하여금 '폭력'이 갈등을 해결하는 방법이라고 잘못되게 알려줄 수 있다. 그래서 체벌을 많이 당한 아이들은 커서 문제를 폭력적이고 공격적으로 해결하려는 경향을 보이는 것이다.

잘못한 아이에게 좋은 교육법, 생각하는 의자

잘못한 일이 있을 때 문제를 일으키는 자극 또는 강화물을 얻을 수 있는 기회로부터 제외시키는 것을 '타임아웃'이라고 한다. '생각하는 의자' 역시 타임아웃 제도이다. 집 안 한쪽에 의자를 두고 '생각하는 의자'라고 이름을 붙인다. 그리고 아이가 감정 조절을 못하고 막무가내로 떼를 쓸 때 스스로 진정하고 반성하게끔 '생각하는 의자'에 앉히는 것이다. 이때 생각하는 의자를 효과적으로 활용하기 위해서는 다음의 과정을 따르는 게 좋다.

1 아이가 어떤 행동을 할 때 '생각하는 의자'에 가야 하는지 목록을 만든다.
2 아이가 '생각하는 의자'에 가는 것이 타당한지 부부가 함께 상의하고 검증해 본다.
3 처음에는 반드시 '경고'를 한 후, '생각하는 의자'에 앉히는 '강행'의 절차를 따른다.

03 좋은 부모가 되기 위한 Know-How

좋은 부모란 어떤 부모인지 명확하게 정의를 내릴 수는 없다. 아이마다 성향이 다르고 집마다 분위기가 다르기 때문이다. 따라서 다음의 여섯 가지 방법을 융통성 있게 활용하여 '좋은 부모가 되기 위해서는 어떻게 해야 할까?'를 늘 고민해 보는 게 좋다. 그러면 자신도 모르게 행복한 아이와 좋은 부모가 되고 화목한 가정을 이룰 수 있을 것이다.

신체 놀이를 할 수 있는 기회를 마련해요

아직 어린아이라면 뛰어다니고 싶고 기어오르고 싶고, 뛰어내리고 싶은 욕구가 생기는 게 당연하다. 그런데 이런 아이의 행동을 "안 돼!", "위험해!"라고 막아서만은 안 되는 것이다. 아이가 안전하게 신체 놀이를 마음껏 할 수 있는 기회를 마련해주는 게 좋다.

위험한 행동은 부드럽게 막아요

평소에 아이를 잘 관찰해 보면 '아, 저건 위험한데?'라고 생각되는 부분이 있다. 이렇게 위험하거나 해서 안 되는 행동을 아이가 시도하려고 하면 소리를 지르지 말고, 행동을 하기에 앞서 부드럽게 막는 편이 좋다. 이때 아이의 관심을 다른 곳으로 돌리면 큰 트러블 없이 문제 상황을 벗어날 수 있다.

다양한 놀이활동을 경험시켜요

정글짐에 오르고 미끄럼틀을 타는 등 몸을 사용하는 놀이뿐 아니라 아이에게 다양한 놀이활동을 제공해주는 것이 좋다. 특히 소꿉장난 같은 역할 놀이, 가상 놀이 등을 하면서 아이와 많은 이야깃거리를 공유하는 게 바람직하다.

자율성을 키워요

아직 서투르지만 아이는 다양한 일을 혼자 해 보고 싶어 한다. 그래서 "내가 할래."라고 손을 번쩍 들곤 한다. 이럴 때는 스스로 할 수 있는 일은 해 보도록 옆에서 도와주고 격려해주는 태도가 바람직하다. 그래야 아이도 '나도 할 수 있구나.'라는 유능감을 느끼고 자율성을 키울 수 있게 된다.

야단칠 땐 말을 짧게 해요

부모가 흥분하여 안 해도 될 말까지 덧붙이면서 야단을 쳐서는 안 된다. 야단칠 때는 문제가 되는 아이의 행동을 얘기해주고 안 되는 이유를 말해줘야 한다. 그리고 "그러니까 하지 마."까지만 말해야 한다. 여기에 아이의 의도나 감정에 대한 반영을 덧붙여주면 더욱 좋다. 예를 들면 치약을 장난처럼 먹어본 아이에게 "우리 장난꾸러기, 치약 맛이 어떨까 궁금했구나. 하지만 치약은 음식이 아니라서 먹으면 배가 아프게 돼. 그러니까 먹지 마!"라고 말하는 식으로 말이다.

아이의 발달 수준을 이해해요

아직 아이가 어리다면 당연히 부모가 허용해야 하는 부분이 더 클 수밖에 없다. 예를 들어 세 살 아이가 심부름으로 컵에 물을 담아 오다가 실수로 쏟는 일과 열세 살 아이가 물을 담아 오다가 쏟는 일은 다르다는 뜻이다. 이렇게 아이의 발달 수준을 파악해 허용 가능한 폭을 점검해야 좋은 부모가 될 수 있음을 명심해야 한다.

좋은 부모가 되기 위한 사랑의 처방전

신 나는 자동차 놀이하기

아이와 함께 하는 자연스러운 신체 놀이는 아이와의 유대감을 향상시킨다. 또한 자동차 놀이를 할 때는 아이를 무릎 위에 앉히게 되므로 아이는 든든한 안정감도 느낄 수 있다. 부모는 자동차가 되고 아이는 손님이 되어 아이의 지시에 따라 움직이는 놀이이다.

놀이 방법
1 아이를 무릎 위에 앉히고, 부모는 '자동차', 아이는 '손님'임을 알려준다.
2 아이에게 안전벨트를 매라고 하며 허리에 팔을 감게 하고, '부릉부릉' 하며 시동을 건다.
3 "평평한 길이에요." 하며 천천히 움직인 후, "여기는 울퉁불퉁한 길!" 하며 무릎을 흔든다. 이런 식으로 올라가는 길, 내려가는 길 등을 표현한다.
4 아이에게 어떤 길을 가고 싶은지 물어보고 아이가 말하는 길을 몸으로 표현한다. 자동차가 기운이 빠졌다며 엔진오일(뽀뽀)을 달라고 부탁도 한다.

네 번째 이야기

애착,
엄마에게도
중요하다

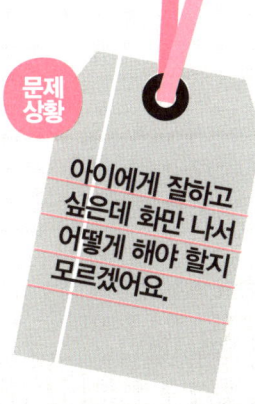

문제
상황

아이에게 잘하고
싶은데 화만 나서
어떻게 해야 할지
모르겠어요.

아이에게 잘하고 싶은데 화를 자꾸 내게 된다면
'혹시 내가 애착에 문제가 있는 건 아닌가?' 하고 되짚어봐야 한다.
애착이 잘못 형성되었을 수도 있기 때문이다.
자신의 양육자와 밀접한 애정을 형성하는 애착은 아이게 매우 중요한 문제인데,
사실 이러한 애착은 주양육자인 '엄마'에게도 매우 중요하다.

01 화를 내는 엄마, 애착에 문제가 있을 수 있다

"다 큰 어른이 무슨 애착에 영향을 받느냐?"라고 말할 수도 있지만 사실 어른도 애착에 영향을 받는다. 그래서 자신도 모르게 스스로에 대해 부정적인 생각을 하기도 하고 다른 사람을 못 믿어서 자꾸 잔소리를 하기도 하는 것이다.

또한 다 큰 성인도 애착 유형을 나눌 수 있다. 그런데 어린 아이들의 애착 유형은 실험을 통해 알아내는 것과 달리 어른들의 애착 유형은 인터뷰를 통해 알아낸다. 이것을 '성인 애착 인터뷰'라고 하는데 1985년 미국의 버클리 대학교에서 개발한 인터뷰 방법으로 전문가와 함께 회상한 어린 시절을 바탕으로 애착 유형을 분류한다.

성인 애착 인터뷰 예시 문항
- 좋고 나쁨에 상관없이 어린 시절을 균형 있게 회상하는가?
- 어린 시절을 기억하지 못한다고 하거나 판에 박힌 대답을 하는가?
- 어린 시절의 안 좋은 기억을 모두 부모 탓으로 돌리는가?
- 어린 시절을 정확하지 않게 기억하는가?
- 학대나 부모를 잃은 경험 등 심리적 충격을 경험했는가?

성숙한 성인으로 성장한 자율형

자율형의 성인의 애착 유형은 아이의 애착 유형 중에서는 '안정 애착'의 형태에 해당한다. 좋은 추억과 그렇지 못한 추억을 균형 있게 회상하는 특징이 있다. 애착 상대로부터 자율적으로 떨어져서 성숙한 성인으로 성장한 유형이다.

감정을 숨기는 배척형

어린 시절에 대해 물어보면 잘 기억을 못하거나 판에 박힌 대답을 하는 유형이 여기에 속한다. 또한 "그때는 다 그러지 않았어요?"라는 식으로 감정을 숨기는 게 특징이다. 아이의 애착 유형으로는 불안정 애착 중 '회피 애착'에 해당한다.

유아적 욕구에 사로잡힌 집착형

어린 시절의 안 좋은 기억을 "엄마가 오빠만 좋아해서 너무 힘들었어요."와 같이 모두 부모 탓으로 돌리는 유형이다. 아이의 경우는 불안정 애착 중 '저항 애착'에 해당하는데 유아기의 욕구를 충족하지 못해서 커서도 부모에게 집착하는 것이 특징이다.

심리적 충격을 담아둔 미해결형

어린 시절을 좋은 듯 말했다 또 그렇지 않은 듯 우왕좌왕하는 유형으로 아이의 애착 유형 중 불안정 애착의 '혼돈 애착'에 해당한다. 어린 시절을 정확히 기억하지 못하는 게 특징이며, 학대나 정신적 충격을 받았을 가능성도 있다.

 애착은 삶에 큰 영향을 준다

아동기와 청소년기에 미치는 영향

1차 애착을 형성하는 시기인 15개월까지의 애착이 아동기와 청소년기에는 어떤 영향을 줄까? 애착의 영향력에 대한 연구자들의 관찰에 따르면 안정 애착이 형성된 아이들은 3세 5개월, 11세, 15세 이후에도 또래 관계에서 주도성을 발휘하는 것으로 조사되었다. 또한 집단 내에서 인기가 많고, 도전을 두려워하지 않으며 뛰어난 자기조절 능력을 보였다. 반면에 불안정 애착을 형성한 아이들은 또래 관계에서 위축된 모습을 보이고 집단에 적극적으로 참여하지 못하며 수업에 잘 적응하지 못하는 모습이 관찰되었다.

애착 종단 연구

- 실험 대상: 1차 애착이 형성된 15개월의 아이들
- 실험 방법: 안정 애착이 형성된 아이들과 불안정 애착이 형성된 아이들로 나누어 3세 5개월, 11세, 15세에 관찰하였다.
- 실험 결과: 삶의 형태를 반복해서 관찰하고 분석한 결과 애착은 삶에 많은 영향을 준다는 사실을 밝혀냈다.

성인기에 끼치는 영향

어린 시절에 형성된 애착 특히 초등학교에 다니는 즈음인 아동 중기에 형성된 애착의 질에 성인기도 큰 영향을 받을 수 있다는 연구 결과가 있다. 2007년의 연구에 따르면 아동 중기에 형성된 애착의 질적 정도에 따라 25세 성인이 되었을 때 배우자와 연인 관계를 예측할 수 있다고 밝혀졌다.

03 애착은 변하지 않는다

아이들은 양육자를 보면서 신뢰감과 가치감의 차이를 알게 된다. 쉽게 말해 자신이 하는 행동에 양육자가 어떻게 반응하느냐에 따라 '아, 다른 사람도 믿을 만하구나.'라는 신뢰감과 '나도 꽤 괜찮은 사람인데?'라는 가치감을 알게 된다는 것이다. 그런데 애착은 한번 형성되면 쉽게 바뀌지 않는다는 특징이 있다. 이것을 '애착 불변의 법칙'이라고 부르는데 이렇게 애착이 쉽게 바뀌지 않는 데는 크게 3가지 이유가 있다.

내적 작동 모델의 차이가 애착의 유형을 변하지 않게 해요

'내적 작동 모델'이란 자기 자신과 타인 그리고 세계에 대해 갖는 내적 표상을 말한다. 간단히 말해서 나와 다른 사람에 대해서 어떻게 느끼느냐를 의미한다. 크게 긍정적으로 느끼는지 부정적으로 느끼는지로 나누어볼 수 있는데, 이러한 내적 작동 모델은 생후 1년 동안 양육자와의 경험을 통해 기초가 형성된다. 그러나 놀랍게도 만 3~5세에 완성된 내적 작동 모델은 평생 동안 잘 바뀌지 않는다.

내적 작동 모델은 타인에 대한 신뢰감을 형성하는 데 활용되는 '타인에 대한 작동 모델'과 자신의 가치를 판단하는 데 활용되는 '자기에 대한 작동 모델'로 나뉜다. 그리고 이 각각의 모델은 또다시 긍정적이냐 부정적이냐로 나눌 수 있다.

〈애착에서의 내적 작동 모델〉

		자기 모델	
		긍정적	부정적
타인 모델	긍정적	안전한(안정 애착)	몰두된(저항 애착)
	부정적	포기한(회피 애착)	두려운(혼돈 애착)

그래서 타인을 의지하고 신뢰할 수 있게 만드는 것을 '긍정적인 타인 모델'이라고 하고, '나는 특별하고 사랑스럽다.'고 생각하는 것을 '긍정적인 자기 모델'이라고 한다. 이 둘은 양육자가 아이에게 재빠르고 적절하게 반응할 때 형성된다. 반면 불안전감과 상대에 대한 신뢰감이 결여된 상태 즉 타인에 대해 둔감하고 무관심한 태도를 '부정적인 타인 모델'이라고 하고, '나는 사랑받을 가치가 없다.'고 생각하는 '부정적인 자기 모델'은 학대를 받았을 때 또는 양육자가 아이의 신호를 무시하거나 잘못 해석할 때 형성된다.

앞의 표를 보고 알 수 있듯이 자신에게도 긍정적이고 타인에게도 긍정적이라 자신과 타인을 모두 믿는 경우는 '안전한' 상태라 볼 수 있다. 하지만 자신을 믿지 못하고 타인에게만 의존하는 경우는 '몰두된' 상태라 볼 수 있고, 자신만 믿고 타인은 못 믿어 조언을 거부하는 경우는 '포기한' 상태라고 말할 수 있다. 그리고 자신과 타인을 모두 못 믿는 경우는 '두려운' 상태라고 한다.

그런데 다시 말하지만 만 3~5세에 완성된 내적 작동 모델은 잘 바뀌지 않는다. 왜냐하면 '나는 참 괜찮은 사람이야.'라고 생각하는 사람은 계속 긍정적으로 자신을 받아들이게 되고, 반대로 '나는 뭘 해도 안 되는 사람이야.'라고 생각하는 사람은 계속 자신을 부정적으로 보게 되기 때문이다. 그래서 한번 형성된 내적 작동 모델은 시간이 지날수록 더욱 견고해진다.

정보 처리 방식의 차이가 애착의 유형을 변하지 않게 해요

애착의 형성은 놀랍게도 주어진 정보를 어떻게 기억하고 어떻게 생각하는지 등의 처리 방식에도 영향을 미친다. 만 3세의 아이들을 안정 애착을 형성한 아이들과 불안정 애착을 형성한 아이들로 구분하여 영상을 보여주는 실험을 하였다. 이 영상에는 아이가 선물을 받고 기뻐하는 내용과 아이가 컵을 깨뜨리는 내용의 영상이 담겨 있었다. 그리고 시간이 흐른 뒤 어떤 것을 더 기억하는지를 아이들에게 물어보았다. 그 결과 안정 애착을 형성하고 있는 아이들은 긍정적인 사건인 선물을 받고 기뻐하는 장면을 잘 기억한 반면 불안정 애착을 형성하고 있는 아이들은 컵을 깨뜨리는 장면인 부정적 사건을 더 잘 기억하였다.

이러한 결과는 형성된 내적 작동 모델에 따라 정보를 처리하고 기억하는 방식이 다르다는 사실을 보여준다. 그리고 내적 작동 모델이 삶의 형태와 성격 형성에도 영향을 미친다는 것을 의미하기도 한다.

대물림된 부모의 내적 작동 모델이 애착의 유형을 변하지 않게 해요

아이를 키우는 부모는 각자 나름의 양육태도를 가지고 있다. 어떤 부모는 엄하게 아이를 양육하기도 하고, 또 어떤 부모는 아이를 자애롭게 양육하기도 한다. 그런데 양육태도는 대물림되는 부모의 내적 작동 모델에 따라 달라지게 된다. 아직 아이가 없는 사람들을 대상으로 영국에서 연구를 한 결과 아이를

애착은 평생 바뀌지 않는다?

어린 시절 이미 형성된 애착의 유형을 바꾸는 일은 매우 어렵다. 하지만 평생 변화가 없는 것은 아니다. 왜냐하면 환경의 변화에 따라 애착의 유형이 바뀔 수 있기 때문이다. 일과 육아를 병행하게 된 엄마, 갑작스러운 동생의 출생, 많은 상처가 되는 부모의 이혼 등은 아이가 가지고 있는 안정 애착에 부정적 영향을 줄 수 있다. 반면 불안정 애착을 경험한 아이라도 살면서 긍정적인 경험을 반복해서 겪으면 긍정적인 영향을 받고 충분히 변화해나갈 수 있다.

낳기 전 부모의 내적 작동 모델과 나중에 태어난 아이의 내적 작동 모델이 일치할 확률이 75%인 것으로 나왔다. 이 결과는 내가 가지고 있는 애착 유형이 아이에게 영향을 준다는 말로, 애착은 되물림된다고 볼 수 있는 것이다.

04 안정 애착을 형성해야 한다

아빠와 안전한 관계를 형성하도록 도와요

대부분의 양육자가 엄마이기 때문에 엄마와 맺는 애착 관계는 매우 중요하다. 하지만 만약 엄마가 바빠서 또는 상황이 여의치 않아서 아이가 엄마와 애착을 맺을 수 없다면 다른 사람과 애착을 맺으면 된다. 엄마뿐만 아니라 아빠, 할머니, 선생님 등 많은 사람과 안정 애착을 형성하는 게 좋다. 특히 아빠와 안정 애착을 형성하면 아이의 자기조절 능력과 사회성이 좋아지며 비행 및 일탈 행동을 일으킬 가능성이 현저하게 줄어들게 된다.

행복한 결혼생활을 유지해요

애착 관계를 질적으로 향상시킬 수 있는 가장 결정적 요인은 '행복한 결혼생활'이다. 안정적인 가정에서 화목한 생활을 하고 가족들과 많은 대화를 나누게 되면 스스로에 대한 신뢰는 물론 타인에 대한 신뢰도 생겨 안정 애착을 충분히 형성할 수 있게 된다.

양육을 지원하는 사회적 지침을 활용해요

아이가 아직 어린 것처럼 부모도 처음 해 보는 부모 노릇이 어렵기만 하다. 특히 형제자매가 많지 않은 가정에서 자란 경우에는 가족에게 어떻게 대해야 하는지 미숙할 수밖에 없는 것이다. 따라서 양육을 지원하는 모임이나 기관을 찾아 양육 방법을 꾸준히 배우는 게 좋다.

부모의 내적 작동 모델을 긍정적으로 바꿔요

부정적인 내적 작동 모델은 부정적인 사고와 예측으로 연결된다. 그래서 자신도 모르게 아이에게 "어머, 쟤는 왜 저래?" 하며 반응하게 되고 이런 반응이 양육태도와도 연결된다. 따라서 부모의 내적 작동 모델을 긍정적으로 바꿔야 하는데 그러기 위해서는 긍정적으로 생각하는 연습이 중요하다. 평소에도 웃는 습관을 들여 긍정적인 마음가짐을 가지고 자신에게 부정적인 영향을 주는 사람과의 만남을 피하는 것이 좋다.

아이와의 긍정적인 애착 관계를 방해하는 말

- "너 정말 멀리 갖다 버려야겠다."
- "너 때문에 못 살겠다."
- "이게 다 네가 잘못해서 그런 거야."
- "너 이제 어떡하니, 걱정이다."
- "내가 언제 그랬어? 네가 잘못 본 거야."
- "나도 몰라. 네가 알아서 해."
- "하고 싶은 대로 해. 그런데 정말 할 수 있겠어?"
- "그래, 네가 참 잘도 하겠다."

엄마의 애착을 위한 사랑의 처방전

기분 좋아지는 일을 실천하기

애착을 높이고 자신에 대한 가치감을 키우기 위해서는 스스로 행복한 일을 많이 생각하고 많이 실천하는 게 좋다. 그래야 '그래, 나도 괜찮은 사람이야.'라는 생각을 갖게 되고 아이에게도 따뜻한 양육을 할 수 있게 된다.

예시
1 가족과 함께 집에서 차린 근사한 만찬을 먹는다.
2 집안일을 재미있게 할 수 있는 방법을 찾는다.
3 아이와 함께 반려동물을 키운다.
4 행복감을 높여주는 명상을 한다.

다섯 번째 이야기

양육의 기초, 어떻게 다지면 좋을까?

문제 상황

반복되는 실랑이 속에서 아이를 어떻게 키워야 할지 점점 자신이 없어요!

아이를 잘 키우고 싶지 않은 부모는 없을 것이다.
누구나 아이를 잘 키우고 유능한 부모가 되고 싶다.
하지만 현실에서는 생각했던 것과 다르게 '삐걱삐걱'거리는 경우가 많다.
아이 키우기가 힘들다면 '무엇이 잘못되었는지' 양육의 기초부터
차근차근 살펴볼 필요가 있다.

01 양육의 기초는 아이의 기질을 살피는 것이다

아이를 키우는 양육은 사랑하는 마음 하나만 가지고 잘할 수 있는 것이 아니다. 따뜻한 마음, 날카로운 지성, 유용한 지식, 행동하는 실행력을 종합해서 활용하는 능력이 필요하기 때문이다.

양육의 가장 기초는 아이의 기질을 이해하는 것이고 이해야말로 양육의 첫걸음이라고 할 수 있다. 아이의 기질은 태어나면서부터 갖고 있는 생물학적 반응성을 말하는데 크게 3가지 유형으로 나누어볼 수 있다. 바로 '순한 기질의 아이', '까다로운 기질의 아이', '느린 반응 기질의 아이'로 말이다.

이 중 순한 기질의 아이는 적절한 활동과 규칙적인 행동을 하는 경향이다. 안정적인 정서를 가지고 있는 순한 기질의 아이는 전체 아이들 중 40% 정도에 해당한다. 반면 까다로운 기질의 아이들은 누가 건드리기만 해도 울어대거나 예측불허의 행동을 한다. 정서도 불유쾌한 까다로운 아이들은 전체 아이들 중 10% 정도에 해당한다. 그리고 반응이 느린 기질의 아이는 까다로운 기질보다는 높은 예측 가능성과 적응도를 보이나 활동량이 떨어지는 것이 특징으로 전체의 15%에 해당한다.

아이의 기질을 이해하지 못하면 부모와 아이 사이에 갈등이 발생할 수 있다. 또한 기질은 양육태도에 영향을 끼치기도 한다. 놀라운 사실은 아이가 나중에 문제 행동을 보일 가능성도 기질과 높은 관련이 있다는 점이다. 순한 기질의 아이가 문제 행동을 보일 가능성이 18% 정도라면 까다로운 기질의 아이가 문제 행동을 보일 가능성은 70%에 달한다. 이렇게 기질은 사람을 이해하기 위한 가장 큰 기준이자 오랜 기간 영향을 미치는 요소 중 하나이다.

 **양육을 위해
성별과 형제 관계를 이해한다**

남자아이와 여자아이는 달라요

뛰고 움직이기를 좋아하는 남자아이들은 활발한 활동을 통해 감정을 표현한다. 반면 여자아이들은 정적인 활동을 통해 감정을 표현한다. 때문에 남자아이의 활동성은 여자아이와 다르므로 이것을 건강한 행동의 표현일 뿐이라고 받아들여야 한다.

또한 남자아이의 경우 분석력, 논리력, 시공간 지각 능력이 발달한 것이 특징이다. 반면 여자아이들은 언어 능력이 좋아서 자기가 할 말을 똑 부러지게 하는 편이며 사회적 친화력이 발달해 여럿이 어울려야 하는 상황에 잘 적응하는 것이 특징이다. 남자아이들이 한번에 한 가지의 일만 처리할 수 있는 데 비해 여자아이들은 동시에 몇 가지의 일을 처리할 수 있는 편이다.

그래서 남자아이들이 발달 초기에 문제가 있는 것으로 보일 수도 있기만 이것이 성별의 차이라는 사실을 알아야 한다. 예를 들어 엄마 역시 여자이기 때문에 여자아이들의 성향은 잘 이해하고 거부감 없이 받아들이는 반면 남자아이들의 성향은 이해를 하지 못해 트러블을 일으키기도 한다. "얘는 왜 이렇게 뛰어다녀?", "이 녀석은 왜 여러 가지를 얘기하면 제대로 못 해?"처럼 말이다. 하지만 성별에는 차이가 분명히 존재한다는 사실을 받아들여야 올바른 양육을 할 수 있음을 잊지 말아야 한다.

형제 관계에 따라 양육태도가 달라져요

아이를 하나 키우는 부모와 여럿을 키우는 부모가 아이를 대하는 태도에는 차이가 있을 수밖에 없다. 양육 환경의 중요 변수가 형제 관계이기 때문이다. 그래서 오스트리아의 심리학자인 아들러는 형제 순위에 따라 성격 형성이 달라진다고 보아서 박탈감으로 지나치게 어른스럽거나 어리광을 부리는 첫째 아이의 모습을 '폐위된 왕'에 비유하기도 했다. 이처럼 형제 관계와 자녀의 수가 양육태도에 큰 영향을 준다.

아이가 하나인 외둥이 부모의 경우 '아이가 너무 응석받이로 크면 어쩌지?', '남을 배려하지 못하는 아이가 되지는 않을까?', '부모와의 놀이에 한계가 있어 아이가 외롭지 않을까?'를 걱정한다. 반면 아이가 여럿인 다둥이 부모의 경우 '내가 편애를 해서 아이 성격에 부정적인 영향을 미치면 어떻게 하지?', '둘째 때

> **형제간의 갈등 유형**
> - 사소한 것을 고자질한다.
> - 손위 형제가 혼날 때 더 난처하게 만든다.
> - 물건을 서로 차지하려고 싸우며 서로의 활동을 방해한다.
> - 먼저 가지고 놀이하는 장난감을 뺏거나 망가뜨린다.
> - 옆에 앉거나 자려고 엄마/아빠 쟁탈전을 벌인다.
> - 친구들과 놀면서 동생을 따돌린다.
> - 편을 먹고 형제 한 명을 따돌린다.
> - 부모의 관심을 끌려고 대화에 끼어들거나 방해한다.

문에 첫째가 상처받을까?', '아이들이 서로의 부정적인 행동을 쉽게 보고 배울까?'를 걱정하게 된다. 이렇게 자녀의 수가 달라지는 것만으로도 고민 거리는 완전히 바뀌게 된다.

03 잘못 알려진 양육법은 고쳐야 한다

0~3세의 시기에는 아이에게 화를 내면 안 된다?

실제로 많은 부모들이 아주 어린 시기의 아이들에게는 화를 내면 안 된다고 알고 있는 경우가 있다. 그래서 아이가 잘못한 일에도 따끔하게 얘기하지 못하고 넘어가는 경우가 많다. 하지만 어린 나이의 아이에게도 잘못한 일이 있으면 분명하게 알려줘야 한다.

자존감이 중요하므로 아이의 요구를 다 들어줘야 한다?

아이의 자존감을 지켜주기 위해서 야단도 치지 않고 아이가 하자는 대로 모두 하는 것은 옳지 않다. 이렇게 아이에게 오냐오냐할 경우에 양육자는 내부적으로 화가 쌓이고 아이는 버릇없는 아이가 되기 때문이다.

어떤 일이 있어도 '~하는 구나'로 대답해줘야 한다?

아이가 "나 잘 했지요?"라고 얘기를 해도 "그래, 참 잘 했구나."라고 얘기하고 아이가 물을 쏟아도 "우리 재민이가 물을 쏟았구나."라고 얘기하는 것은 옳지 않다. 아이는 단조로운 반응에 '왜 맨날 나에게 똑같이 말하지?' 하고 생각할 수 있기 때문이다.

부모만 잘하면 이상적인 아이로 자랄 수 있다?

부모가 아이를 잘 양육하는 일은 중요하다. 하지만 그것만으로 100% 아이가 잘 자랄 것이라고 기대해서는 안 된다. 아이가 가지고 있는 변인을 고려하지 않으면 곤란하기 때문이다. 뿐만 아니라 부모의 지나친 욕심은 잘못된 부모-자녀 관계를 만들 수 있다. 부모의 기대와 욕심이 커지면 아이도 힘들어지고 부모도 지치게 된다.

양육태도는 절대 바뀌지 말아야 한다?

부모의 양육태도가 이랬다저랬다 하는 것은 좋지 않지만, 연령에 따라 양육태도를 바꿀 필요는 있다. 아이가 아직 어렸을 때 부모는 '절대적 보호자'이지만 아이가 성장함에 따라 애착을 기반으로 하는 '중재자'가 되어야 한다. 그다음에는 조절을 가르치는 '훈육자'가 되고, 그 이후에는 아이에게 도움을 주는 '조력자'가 되는 게 바람직하다.

04 양육태도의 기본 지침을 세운다

어릴 때일수록 부모의 양육태도가 매우 중요하다. 왜냐하면 어릴수록 외부 자극을 매우 크게 느끼기 때문이다. 따라서 아이에게 필요하면 언제든 부모가 자신의 옆에 있어준다는 안정감을 주어야 한다. 그런데 이렇게 부모가 아이에게 안정감을 주면서 아이를 잘 키우기 위해 필요한 요소는 양육태도의 기본 지침을 잘 세우는 데에서 시작한다.

대표적으로 어릴 때는 몸으로, 만 2세가 넘어가면 마음으로 접근하라는 기본 지침이 있다. 만 2세까지는 피부가 제2의 뇌이므로 많은 스킨십이 필요하지만 그 이후에는 한걸음씩 부모가 물러설 필요가 있다는 말이다.

그리고 또 다른 기본 지침 중 하나로 애착을 기본으로 하는 적절한 훈육을 하라는 것이 있다. 어린아이라고 하더라도 무조건 오냐오냐해서는 안 된다는 말이다. 되는 일과 안 되는 일을 구분하는 훈련을 해야 한다. 정해놓은 한계 내에서 이해할 때까지 반복해서 알려줄 필요가 있다.

자녀 양육을 위한 사랑의 처방전

아이에게 정서적인 주유소 되기
아이를 완벽하게 키우고 싶지만 세상에 '완벽한 엄마, 완벽한 아빠'는 없다. 때문에 지나치게 욕심을 부리지 말고 '충분히 좋은 부모'가 되도록 노력해야 한다. 그러기 위해서는 아이의 옆에서 안정감을 주며 올바른 양육태도를 갖는 자세가 필요하다.

양육태도의 기본 지침 세우는 방법
1 부모가 하고 싶은 것을 버린다.
2 아이가 하고 싶은 것을 찾는다.
3 아이가 필요로 할 때 언제든지 옆에 있다는 확신을 준다.

또한 어릴 때는 놀이로 성장하면서는 대화로 상호작용하라, 아이에게 욕심 부리지 말라는 것도 양육태도의 기본 지침 중 하나다. 아이의 수준에 맞는 대화와 놀이를 해야 하며, 아이에게 욕심껏 모두 해주면 오히려 자발성과 주도성을 키우지 못하게 된다는 말이다. 부모가 아이에게 일방적으로 주는 행위는 아이의 성장에 걸림돌이 될 뿐이다.

행복한 부모가 되는 5가지 방법

1. 일상에서 재미를 찾아요

매일 똑같은 하루가 반복된다. 특히 전업 주부인 엄마의 하루는 더욱 변화 없이 흘러간다. 다른 식구들보다 먼저 일어나서 아침을 준비하고 아이들을 깨워서 아침 먹이고, 등원이나 등교를 시키고 나면 집안일이 산더미같이 쌓여 있다. 그러나 이렇게 변화 없는 일상이더라도 그 속에서 재미를 찾아보자. 빨래를 갤 때 아이와 함께 '양말 짝 빨리 찾기 대회'를 해 보는 것처럼 말이다.

2. 지금이 영원히 지속되지 않음을 알아요

하루하루가 흘러가고 아이가 무럭무럭 자라면서 상황은 계속 바뀌게 마련이다. 엄마밖에 모르던 '엄마 껌딱지' 아이들에게도 엄마보다는 친구를 더 찾게 되는 시기가 온다는 말이다. 따라서 아이가 나를 힘들게 하더라도 '그래, 조금 있으면 이것도 그리워지겠지?' 하는 마음을 가지면 여유가 생기고 느긋해질 수 있다.

3. 하루에 한 가지씩은 반드시 감사해요

오늘 하루 있었던 일 중 한 가지씩을 콕 찍어서 '~ 해서 감사합니다.'라고 생각해 보는 것이 좋다. '오늘 아이가 소풍을 무사히 다녀와서 감사합니다.', '오늘 길에서 넘어졌는데 크게 다치지 않아서 감사합니다.'처럼 작은 일에도 감사하는 마음을 가지면 훨씬 삶이 행복해질 수 있다.

4. 잘 자고 잘 먹어요

잠을 잘 자지 못하면 당연히 신경이 날카로울 수밖에 없다. 잘 먹지 못하면 당연히 건강할 수도 없다. 행복해지고 싶다면 자고 먹는 것을 소홀히 해서는 안 된다. 아이를 공부시킨다고 이 학원, 저 학원 쫓아다니면서 정크푸드를 먹이거나 식사 때를 놓치는 일은 다시 생각해 봐야 할 일이다. 잘 자고 잘 먹어야 쉽게 행복해지기 때문이다.

5. 부모가 행복해야 아이도 행복하다는 것을 잊지 말아요

부모가 '아이를 위해서 모든 걸 희생해야지.'라고 생각하면 자신의 생활이 없어지고 아이의 일거수일투족에 온 신경을 집중하게 된다. 그러면 부모도 지치고 아이도 지치게 마련이다. 부모도 자신만의 생활을 가지고 그 안에서 충실하게 사는 삶을 찾아야 한다. 그래서 스스로의 생활에서 보람을 찾고 여유를 가지면서 행복해질 수 있다. 부모가 행복해야 아이도 행복해질 수 있는 것이다.

관계 처방전
"관계에 문제가 있어요"

첫 번째 이야기

낯가림,
자연스러운 현상이지만
심해지면 안 된다

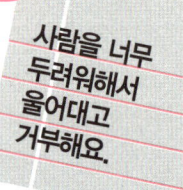

문제 상황

사람을 너무
두려워해서
울어대고
거부해요.

할머니네 집에 가는 것도 싫어하고 친구네 집에 가는 것도 무서워하는 아이. 그러다 보니 겨우겨우 달래서 다른 사람 집에 가도 사람들이 무섭다고 울어대는 아이를 보면 엄마는 '정말 이 아이가 왜 이럴까?' 하고 고민과 걱정이 된다. 사람을 너무 두려워하는 아이, 어떻게 하면 좋을까?

01 낯가림은 자연스러운 현상이다

아이들이 태어난 지 6개월 정도가 지나면 대개 부모를 알아보기 시작하고, 이후 낯가림이 본격적으로 이루어진다. 낯가림이란 갓난아이가 낯선 사람을 대하기를 싫어하는 것을 말하는데 생후 7~9개월 사이에 가장 심하고, 15~18개월 정도가 되면 상당 부분 감소하는 경향을 보인다.

낯가림이 심한 아이의 성향

감각적으로 매우 예민한 아이는 쉽게 불안해지기 쉬운 요소를 지니고 있다. 그래서 상대방이 보이는 작은 자극에도 민감하게 반응을 한다. 예를 들어 상대방이 조금만 인상을 써도 '왜 나에게 그러지?'라고 생각하는 것이다. 이렇게 감각적으로 예민하다 보면 낯선 자극에 그만큼 빨리 반응하게 되고 낯가림도 심해질 수 있다.

대부분의 아이들은 낯가림을 할 때 부모가 아닌 다른 사람들에 대해서 두려워하는 반응을 보이며 부모를 적극적으로 찾는다. 이때 기질적으로 까다로운 아이는 낯선 사람이 자기를 쳐다만 보아도 울고불고 난리를 치고, 억제하는 기질을 가진 아이는 싫어도 싫은 표현을 제대로 못하고 얼어 있는 반응을 보인다는 차이가 있다.

그런데 낯가림은 대부분의 사람이 성장하면서 겪는 자연스러운 현상이므로 크게 문제될 일은 없다. 왜냐하면 만 3세가 되기 이전에 낯가림은 거의 없어지기 때문이다. 가만히 두면 자연스럽게 없어지기 마련이다.

02 낯가림이 심해지면 사회 공포증이 된다

보통 낯가림은 낯선 이에 대한 두려움을 뜻한다. 그런데 낯가림이 일정 기간이 지났는데도 안 없어지고 점점 심해진다면 '사회 공포증'까지 갈 수 있기에 주의 깊게 살펴야 한다. 사회 공포증이란 특정 사회적 상황에서 과도한 불안 양상을 보이는 반응으로 불안한 상황을 적극적으로 회피하려는 행동으로 주로 나타난다.

사회 공포증은 불안한 상황을 예측할 때 불안이 최고조에 이르는 '예기 불안'과 관계가 있다. 예기 불안은 스릴이 넘치는 놀이기구를 탈 때 놀이기구가 가장 높은 곳에 올라가기 전에 느껴지는 공포를 예로 들 수 있다. 대부분의 아이들이 불안이 예견되는 상황에서는 회피하거나 거부하려고 갖은 애를 쓰다가도 어쩔 수 없이 그 상황에 맞닥뜨렸을 때 자신이 생각했던 만큼의 불안한 일이 일어나지 않으면 저절로 불안이 감소됨을 느끼게 된다. 낯선 사람을 만나는 것이 두려워 "싫어!"를 외치다가도 막상 만나고 나면 불안해질 일이 일어나지 않으니까 어느 정도 진정이 되는 것이라고 볼 수 있다.

그런데 낯가림으로 인해 예기 불안을 느끼는 아이라면 낯선 사람을 만나는 상황에 대한

사회 공포증의 예시
- 많은 사람 앞에서 이야기할 때 심한 불안감을 느낀다.
- 대중 화장실에서 볼일을 볼 때 심한 불안감을 느낀다.
- 이성에게 만남을 신청할 때 심한 불안감을 느낀다.

부정적인 이미지를 쉽게 없애지 못한다. 자신이 처음에 공포를 느꼈던 대상이나 상황에 대한 이미지가 긍정적으로 바뀌는 경험을 수차례 해야만 부정적인 이미지를 다소 없앨 수 있을 뿐이다. 한 번 개에 물렸던 사람이 느끼는 개에 대한 공포가 길거리에서 매일 수십 번의 개를 본다고 사라지지 않는 것과 마찬가지이다. 개와 즐겁게 놀면서 '아, 개가 그렇게 무섭지는 않구나.'라고 느끼는 경험을 해야만 개에 대한 공포가 사라지게 되는 것처럼 말이다.

문제는 낯가림이 심해지면 여러 가지 불안 장애를 초래할 수 있다는 점이다. 그중 하나로 낯가림이 심한 아이들에게는 애착 대상으로부터 분리될 때 혹은 분리될 것으로 예상될 때 느끼는 불안감인 '분리 불안 장애'가 가장 빈번히 나타난다. 그리고 말하고 싶은 사람에게만 말을 하는 '선택적 함구증'이 생길 수 있으며 초등학교 이후에는 학교 가기를 거부하는 '등교 거부증', '적응 장애' 등의 문제로 발전될 수 있다.

03 낯가림이 심한 아이를 위한 Know-How

부모가 낯선 사람에 대해 친근함을 보여주세요

'우리 아이는 낯선 사람을 너무 두려워해.', '낯가림이 심해서 큰일이야.'라고 걱정만 해서는 안 된다. 아이가 싫어한다고 해서 부모가 아이 옆에서 똑같이 긴장하여 서있기보다 먼저 낯선 사람에 대해 친근한 모습을 보이는 게 좋다. 이때 아이를 부모 옆에 안정적으로 있게 한 채 낯선 사람과 웃으며 이야기를 하고 친근감을 보여주는 것이 아이의 낯가림을 없앨 수 있는 좋은 방법이다.

불안한 상황을 회피하지 않도록 해요

아이의 낯가림이나 사람에 대해 두려워하는 불안은 도전해야 해결되는 문제이다. 따라서 "그래, 다른 사람은 만나지 말고 엄마랑만 놀자."라며 불안한 상황을 회피하도록 허용해서는 안 된다. 실제로 불안한 요소가 없는 상황에서는 아이가 피하지 않고 즐거운 경험을 할 수 있도록 부모가 도와주어야 한다. 예를 들어 아이가 낯선 동네에 가서 낯선 사람들 사이에서 놀아야 할 상황이라면 부모가 적극적으로 놀아주면서 긍정적인 경험을 많이 시켜주는 게 좋다. 그러면 아이도 '어? 낯설지만 재미있네? 불안하기는 했지만 막상 해 보니 무섭지 않네?'라고 느끼게 된다.

낯가림이 심한 아이 양육법

1 아이가 낯선 환경에서 쉽게 위협감을 느끼는 경향이 있으므로 다른 사람들이나 환경의 흥미 있는 점들을 설명해준다.
2 아이가 활동에 참여를 하지 않으면 부모가 먼저 재미있게 활동에 참여하여 노는 모습을 보여준다.
3 아이가 관심을 가지면 "너도 할래?"라고 물어보고 간단한 일을 시킴으로써 활동에 참여시킨다.
4 아이가 활동에 적극적으로 참여하면 긍정적인 반응을 보여주면서 아이를 점차 격려하고 부모는 활동에서 한걸음 물러선다.

낯선 사람은 서서히 접근하게 해요

아이의 낯가림을 없애겠다고 무조건 낯선 사람을 만나게 하는 일은 옳지 않다. 잘못하면 아이는 오히려 극도의 긴장감을 느끼고 부정적인 경험을 쌓을 수 있기 때문이다. 특히 낯가림이 심한 아이들은 낯선 사람이 갑자기 다가오면 매우 놀라기 때문에 직접적으로 아이를 쳐다보고 아이의 몸을 건드리거나 말하기보다는 서서히 접근하는 게 좋다. 너무 큰 소리나 호들갑스러운 행동도 삼가고 눈이 마주치면 살짝 미소 짓는 정도로, 아이가 관심을 보일 만한 사물이나 장난감을 건네거나 그걸 갖고 놀이하는 모습을 보여주는 것이 좋다. 그렇게 해

사람을 두려워하는 아이를 위한 사랑의 처방전

아이와 주거니 받거니 소꿉놀이하기

할머니를 두려워하는 아이라면 자질구레한 그릇 따위의 장난감을 가지고 노는 소꿉놀이를 엄마, 할머니와 함께 하는 것이 좋다. 이때 소꿉놀이는 일방적으로 하는 게 아니라 함께 할 수 있는 '주거니 받거니 소꿉놀이'가 좋다. 엄마가 할머니에게 "오늘은 뭘 만들까요, 주방장님?"이라고 물어보면 할머니는 "오늘은 카레라이스를 만들겠어요. 누가 당근 좀 썰어줄래요?"라고 다시 물어보는 것이다. 그러면 엄마는 "어, 저 당근은 잘 못 써는데. 우리 유진이가 당근 좀 썰어줄래요?"라고 아이에게 물어본다.

이렇게 자연스럽게 말을 주고받으면서 소꿉놀이를 하다 보면 낯가림을 하는 아이라도 엄마 옆에서 안정적으로 놀이를 할 수 있게 되고 점점 할머니에 대해, 사람에 대한 두려움도 없앨 수 있다. 뿐만 아니라 다른 사람과 상호 관계를 맺는 데 자신감을 붙일 수도 있게 된다.

서 아이가 관심을 보이면 조금씩 다가가야 하고 접촉을 할 때도 얼굴이나 몸보다는 옷 등을 터치하는 것이 바람직하다.

지속적으로 긍정적 관심을 보여요

낯가림이 심한 이런 아이들에게는 "안녕?" 하고 인사를 해도 대답이 돌아오지 않는다. 그러다 보니 다른 사람들이 "쟤는 인사도 안 하고 웃지도 않아." 하고 부정적으로 생각할 수 있다. 또한 어떤 아이들은 "싫어! 엄마, 저 아저씨 무서워!" 하고 울음을 터뜨리는 등 매우 격렬히 저항을 하기 때문에 다른 사람들의 기분을 상하게 만들 수도 있다. 그렇다고 해서 관계를 지속하려는 노력을 하지 않으면 평생 관계 형성이 제대로 되지 않을 수 있다. 따라서 낯가림이 심한 아이에게는 천천히 그리고 지속적으로 관심을 보이는 게 좋다. 이때 따뜻한 시선으로 긍정적인 관심을 계속 보인다면 언젠가는 아이도 같은 시선으로 부모의 뒤에서 고개를 내밀 수 있을 것이다.

두 번째 이야기

친구를 못 사귀는 아이, 사회성을 점검해 봐야 한다

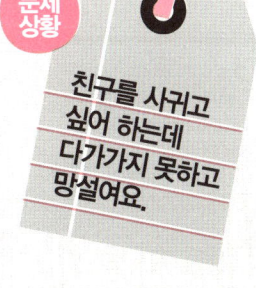

문제
상황

친구를 사귀고
싶어 하는데
다가가지 못하고
망설여요.

친구와 놀고 싶어 하는데도 쉽게 친해지지 못하고 일정한 거리를 두는 아이.
그런 아이를 둔 부모라면 왜 우리 아이는 친구를 쉽게 못 사귀는 건지,
왜 친구들과 잘 어울리지 못하는 건지 정말 속이 상한다.
친구들과 사람들과의 관계에 거리를 두는 아이, 그 이유는 무엇일까?

01 사람들과 잘 어울리고 관계를 맺는 게 사회성

친구나 사람들과 관계를 맺는 일에 어려움을 겪는 아이들이 있다. 다 같이 어울려 노는 놀이터에서도 혼자 쭈뼛거리거나 한 반에서도 겉돌며 무리에 끼지 못하는 아이들이 있다. 이런 아이들의 경우 사회성이 부족한 것은 아닌지 의심해 봐야 한다.

아동기에 여러 영역들이 골고루 잘 발달되어야 사회성이 원만하게 발휘될 수 있다. 기질, 애착, 자기조절 능력, 자기표현 능력, 자존감, 도덕성이 골고루 잘 발달되어야 사회성도 발달될 수 있다는 의미이다. 이 중 하나라도 발달이 제대로 되지 않으면 사회성이 원활하게 발휘되지 않는다.

만약 아이가 사회성이 부족하다면 그렇게 된 데는 여러 가지 이유가 있다. 아이가 내성적이어서 사회성이 부족할 수도 있고, 자신감이 없어서 사회성이 부족할 수도 있다. 특히 학교생활을 시작하고 학습에 대한 부모의 관심이 높아지는 초등학교 입학 후에는 학습에 뒤처지는 일이 자신감을 저하시키는 주된 원인이 되기도 한다. 자신감이 떨어지면 다른 사람 앞에서 자신 있게 나서서 발표하는 일도 어려워하고 먼저 나서서 말을 거는 일도 힘들어할 수 있기 때문이다.

02 자신감을 키워 사회성도 높인다

'친구들이 노는데 한번 말을 걸어볼까?'라고 생각이 들다가도 '에이, 내가 할 수 있을까? 괜히 내가 말을 걸었다가 다들 나를 싫어하면 어쩌지?'라는 생각이 든다면 아이는 친구와의 관계에서 한 발짝 더 나아갈 수가 없다. 이렇게 스스로에 대한 자신감이 부족하면 다른 사람에게도 선뜻 다가가기 힘들다. 따라서 자신감이 부족한 아이들은 무엇 때문에 자신감이 부족한지를 파악해 그 부분을 보완해주는 노력이 필요하다. 그래야 친구 관계도 좋아지고 사회성도 높아질 수 있기 때문이다.

> **시운동 협응 기술(Visual-Motor Integration) 키우는 법**
>
> **• 연필 다루는 연습하기**
> 시중에 나와 있는 연필 잡는 보조도구 중 본인에게 가장 편안한 것을 선택해 바르게 연필 잡는 방법을 익힘으로써 적은 힘으로 연필을 다루도록 연습한다.
>
> **• 소근육 기능을 돕는 놀이하기**
> 핀셋이나 집게 등을 이용한 비즈 놀이나 손끝에 힘주어야 할 수 있는 바느질과 같은 공예활동 또한 아이의 소근육 기능을 향상시키는 데 도움이 된다.

시운동 협응 기술이 부족한 아이라면?

학교에 가면 글씨를 쓸 일도 많고 그림을 그릴 일도 많다. 그런데 다른 친구들에 비해 글씨 쓰는 게 너무 느리고 엉망이라면 아이는 당연히 주눅이 들 수밖에 없다. 이처럼 자신감이 없는 이유가 글씨를 잘 못쓰는 일과 같이 시운동 협응 기술이 부족해서라면 연필 다루는 연습을 하거나 소근육 기능을 돕는 놀이를 함으로써 부족한 부분을 채워줄 수 있다.

공부에 자신감이 부족한 아이라면?

아이가 공부에 자신이 없어서 학교생활에 어려움을 겪고 사회성이 떨어진다면 공부를 위한 기초공사를 잘 다져주는 것이 중요하다. 공부를 잘하기 위해서는 사고력, 주의력, 자율성, 주도성이 기반이 되어야 하는데 그러기 위해서는 아이 스스로 결정하고 문제를 해결하는 방법을 터득할 수 있도록 도와야 한다. 아이가 못할까 봐 무조건 부모가 나서서 대신 다 해주는 것이 오히려 아이가 공부를 잘 할 기회를 막고 사회성의 발달을 막을 뿐이라는 뜻이다.

03 떨어진 사회성을 회복하는 Know-How

인간은 사회적인 동물이다. 서로 어울려서 살아가고 또 함께 살며 의지하고 영향을 주고받는다. 그런데 사회성이 부족해 사회적인 행동을 제대로 하지 못한다는 것은 작은 문제가 아니다. 왜냐하면 사회성 부족은 또 다른 문제로 이어지기 때문이다.

먼저 사회성이 부족하면 '나는 왜 이럴까?' 하는 생각이 들어 자존감이 떨어지고 우울감이 생긴다. 또한 또래 관계에서 어려움을 겪게 되기 때문에 그 시기에 배워야 할 많은 것들을 놓칠 수 있다. 아이들은 가정과 학교에서만 배우는 게 아니기 때문에 또래 관계가 매우 중요하다. 그렇다면 이렇게 자신감이 부족해서 사회성이 떨어진 아이는 어떻게 도와주면 좋을까?

일상생활에서 유능감을 경험하게 해요

누구나 잘하는 일은 있게 마련이다. 설사 글씨를 잘 못 쓰는 아이라고 하더라도, 공부를 조금 못하는 아이라고 하더라도 잘하는 일은 있다. 따라서 아이가 잘하는 일을 찾아서 의도적으로 시키는 게 좋다. 예를 들어 심부름을 잘하는 아이라면 심부름을 시킨 다음에 "어쩜 우리 유민이는 엄마가 부탁한 걸 하나도 안 빼놓고 다 사왔네?"라고 하면서 칭찬해준다. 이렇게 아이가 일상생활에서 자연스럽게 칭찬을 듣게 되면 '어? 나도 할 수 있네?' 하는 유능감을 경험하게 되고 자신감을 쌓게 된다.

쉬운 문제 7개, 어려운 문제 3개로 배치해요

아이가 학교에 들어가기 전부터 많은 부모가 아이에게 문제집을 풀게 한다.

친구와 관련된 속담
- 어려울 때 친구가 진정한 친구다.
- 가장 좋은 거울은 친구의 눈이다.
- 친구를 얻는 가장 좋은 방법은 친구가 되는 것이다.
- 사귀는 친구를 보면 그 사람을 알 수 있다.
- 친구 없이 사는 것은 태양이 없는 삶과 같다.

수학 연산 문제집은 물론 국어 문제집까지…. 그런데 이렇게 문제집을 푸는 과정에서 어려운 문제를 풀지 못해서 자신감이 많이 떨어진 아이라면 문제 배치를 달리 하는 게 좋다. 쉬운 문제 7개, 어려운 문제를 3개를 준비해서 쉬운 문제를 더 많이 풀 수 있도록 하는 것이다. 그러면 아이에게는 '어? 문제가 어렵지 않아. 나도 풀 수 있어!' 하는 자신감이 생기게 된다.

성공 경험을 더 많이 하게 해요

"틀렸어!", "아니야!", "땡!"이라는 말을 듣게 되면 누구나 주눅 들기 마련이고 자신감을 잃게 마련이다. 따라서 아이에게 실패 경험이 아닌 성공 경험을 더 많이 하도록 배려해주는 태도가 필요하다. 그러기 위해서는 아이에게 심부름을 시킬 때도 난이도를 좀 낮춰서 시키고, 질문을 할 때도 아이가 쉽게 대답할 수 있을 만한 질문을 하는 것이 바람직하다.

주의력을 증진시키는 데 도움이 되는 놀이를 해요

주의력은 한 가지 일에 마음을 집중하는 힘을 말하는데 서로의 말이나 지시에 집중하는 놀이를 함으로써 주의력을 키울 수 있다. 예를 들어 '청기백기 게임'도 주의력을 향상시킬 수 있는 좋은 놀이이다. 아이의 오른손에는 청기를 들게 하고 왼손에는 백기를 들게 한 다음, 신호에 따라 깃발을 드는 방식의 놀이를 하며 주의력을 키워준다.

못한다는 말보다는 "이만큼 해냈다"라는 말을 많이 해요

부모가 생각하는 정도에 미치지 못하고 무슨 일이든 잘 못하는 아이를 보면 당연히 부모의 마음은 답답하다. 하지만 누구보다 답답한 사람은 아이라는 점을 잊지 말아야 한다. 그래서 아이에게 "못했어!"라고 말하기 보다는 "우와, 이만큼이나 해냈네?"라고 칭찬해주는 게 바람직하다. 그래야 아이도 지치지 않고 자신감을 키워나갈 수 있고 다른 사람에게도 한걸음 더 다가갈 수 있다.

친구를 못 사귀는 아이를 위한 사랑의 처방전

'시장에 가면' 놀이하기

시장은 우리 가까이에 있는 곳이면서 사람들이 많이 모이는 곳이다. '시장에 가면' 놀이는 아이와 함께 시장에 가서 볼 수 있는 것을 순서대로 말하되 "시장에 가면 ○○가 있고!"라고 앞 사람이 얘기하면 다음 사람은 앞사람의 말을 받아 '시장에 가면 ○○가 있고'라고 말한 다음에 "××도 있고!"라고 자신의 말을 덧붙이는 놀이이다.

자연스럽게 가족들끼리 놀이를 하다 보면 상대방의 말에 주의를 기울이게 된다. 그러면서 집중력도 커지고 자기를 드러내는 표현력도 키울 수 있게 된다.

놀이 방법
1 3~4명이 둘러앉는다.
2 한 사람이 먼저 "시장에 가면 ○○가 있고!"라며 시장에서 볼 수 있는 것을 말한다.
3 이어서 다음 사람이 시장에서 볼 수 있는 것을 앞사람이 말한 것에 덧붙여 말한다.
4 앞사람이 말한 것을 기억하지 못하거나 자신의 순서에 제대로 말하지 못하는 사람이 지는 방식이다.

세 번째 이야기

딸과 엄마의
관계는
특별하다

문제
상황

유독 딸과의
관계가 힘들어요.
같은 여자인데
왜 그럴까요?

엄마와 딸 사이는 참 각별하다.
같은 여자이기에 남자들은 모르는 감정도 함께 공유할 수 있다.
그런데 딸과의 사이가 유독 안 좋아 고민이라면 어떻게 해야 좋을까?
아들의 행동에는 그러지 않으면서 딸의 행동에 유난히 뾰족하게
반응하게 된다면 정말 엄마도 딸도 힘든 상황이 아닐 수 없다.

01 큰딸과 엄마의 특별한 관계

아이 중에서 가장 먼저 태어난 첫째는 엄마에게 남다른 의미가 있다. 처음으로 '엄마'라는 이름을 달아준 데다가 처음으로 아이를 키워보게 한 존재

> **MIM 검사**
> 부모와 자녀가 함께 과제를 수행하는 모습을 통해 서로 간 상호작용의 강점과 약점을 알아볼 수 있다.

이기 때문이다. 처음 키우는 아이라 엄마는 한없이 서툴고 또 서툴다. 그래서 능숙하게 엄마의 역할을 하는 둘째, 셋째 아이 때와는 달리 첫째에게는 어설플 때가 많은 것이다.

게다가 첫째가 딸일 경우 엄마와 아이의 관계는 더욱 특별해질 수밖에 없다. 왜냐하면 아이와 엄마가 같은 성(性)이라 서로의 모습에서 자신을 발견하고 기대하게 되기 때문이다. 엄마는 딸에게 생명을 준 사람이고 키워준 사람이자 가장 지지해주는 존재이기도 하다. 또한 엄마에게 딸은 자신의 분신과도 같은 존재인 것이다. 이렇게 엄마와 딸의 관계는 가장 가깝다.

그래서 다른 아이와는 달리 첫째인 큰딸에게는 더 엄격해지기도 하는 사람이 엄마이다. 다른 데서 스트레스가 쌓인 것인데 큰딸에게 화를 내기도 하고, 참아야지 하면서도 소리부터 지르게 되고는 한다. 그렇다면 왜 이렇게 큰딸에게는 유독 화를 내고 소리를 지르게 되는 것일까?

먼저 큰딸에 대한 기대가 너무 큰 경우에서 그 이유를 찾을 수 있다. 처음 키워보는 아이는 육아 경험이 없는 상태에서 키우게 된다. 아이를 어떻게 키워야

되는지 잘 모르는 상황에서 기대를 지나치게 하면서 '내가 이 아이를 어떻게 키웠는데….'라는 마음을 품게 되는 것이다.

두 번째로 큰딸에게 자신을 대입시키는 경우 유독 예민해진다. 자신과 같은 모습을 보이면 '어머! 쟤는 왜 나의 안 좋은 점을 닮았지?'라고 생각해 힘들어하고 자신과 다른 모습을 보이면 '나는 안 저랬는데 쟤는 왜 그런 거야?'라고 생각해 힘들어하는 것이다. 자신과 같아도 힘들고, 달라도 마음이 불편하다.

세 번째로 큰딸을 너무 어른스럽게 대하는 경우 아이에게 소리도 지르고 화도 유독 많이 내게 된다. 아이들 중에 첫째인 것이지 큰딸도 아직 어린아이일 뿐이다. 그런데 그 아이가 마치 다 큰 것처럼 생각되어서 엄마 대신 동생도 돌보아주었으면 좋겠고, 자기가 할 일은 엄마 손이 안 가게 해주었으면 하는 마음을 품게 된다. 그래서 큰딸에게 많은 것을 바라게 되고 야단을 친다.

02 엄마와 관계가 친밀하지 못하면?

누구보다 특별하고 가까워야 할 엄마와 딸의 관계가 서먹서먹하고 친밀하지 못하다면 아이는 어떤 마음을 갖게 될까? 엄마와 관계가 좋지 못한 딸들의 마음속 깊은 부분을 한번 들여다보자.

외로움을 겪게 돼요

엄마와 친밀하지 못하면 아이는 의지할 곳이 없어진다. 많은 시간을 함께 보내고 또 보호받아야 할 가정에서 엄마와의 관계가 좋지 못하면 아이는 외로움을 겪을 수밖에 없다. 그러면서 '아, 나는 혼자구나.'라고 생각하게 되어 주변에 대한 소외감과 서운함을 느끼게 된다. 이러한 감정은 우울함, 무기력함 등으로 이어질 수 있다.

다른 사람과의 좋은 관계를 맺지 못해요

엄마에게 자연스러운 애착을 경험하지 못한 딸은 다른 사람들과도 좋은 관계를 맺기를 힘들어한다. 사람들 사이에서 관계를 맺고 사귀는 일도 연습되어 있지 않으면 선뜻 나서서 하기가 힘든데 엄마와 관계가 좋지 않은 아이라면 사람들 사이에서 좋은 관계를 맺는 연습이 덜 되어 있다고 볼 수 있다. 뿐만 아니라 엄마와 친해지고 싶은데 계속되는 엄마의 거부로 그러지 못하고 있는 아이라면 '다른 사람도 엄마처럼 나를 별로 좋아하지 않을 거야.' 하는 마음을 가지고 있어서 다른 사람과 좋은 관계를 맺기 힘들다.

위급한 상황이 생겨도 엄마에게 말하지 못해요

아직 어린아이라면 스스로 해결하기 힘든 문제에 부딪히는 때가 올 수 있다. 친구들에게 왕따를 당하고 있다든지, 나쁜 사람에게 성추행을 당했다든지…. 그런데 엄마와 관계가 친밀하지 못하면 위급한 상황이 생겨도 엄마에게 문제를 털어놓지 못한다. 엄마에게 말하고 싶지만 관계가 좋지 않기 때문에 아이는 SOS 신호를 보낼 생각을 못하는 것이다. 그리고 연령에 비해 어른 취급을 받게 되는 경우가 많아서 혼자 문제를 해결하려는 경향을 보이기도 한다.

엄마의 강요만 받은 딸의 특징

엄마는 딸에게 "너는 이렇게 해야 해!"라고 강요할 때가 많다. 그래서 애착이 제대로 형성되지 않은 상태에서 엄마의 요구만 많이 듣게 된 딸은 엄마의 미해결 과제를 자신의 문제인 것처럼 받아들이게 된다. 예를 들어 엄마가 어렸을 때 피아노를 치고 싶었는데 가정 형편상 그러지 못했다면 딸이 대신 피아노를 치길 바라게 된다. 그러면 아이는 정작 자신이 원하는 게 무엇인지는 생각하지 못하고 엄마의 문제를 자신의 문제인 양 받아들이게 되는 것이다.

 ## 딸과 관계를 개선하고 싶은 엄마를 위한 Know-How

자신의 분노를 조절해요

마음은 그렇지 않은데 자꾸 딸에게 화를 내고 소리를 지르게 된다면 스스로 분노를 조절해야 한다. "야! 너 왜 엄마가 하라는 것 안 해!"라며 소리 지르지 말고, 자신의 감정을 적절히 말로 잘 표현하고 상대방과 원만하게 협상하는 일을 연습하는 게 좋다. 예를 들어 "민지야, 엄마는 네가 숙제부터 하고 노는 게 좋을 것 같은데 네 생각은 어떠니? 그러면 놀 때 더 마음 편하게 놀 수 있지 않을까?" 처럼 말이다.

그리고 딸에게 자꾸 화를 낸다면 엄마의 마음에 너무 여유가 없는 상태는 아닌지 점검해 봐야 한다. 엄마가 행복하고 편안해야 아이에게도 너그러워질 수 있는 법이다. 또한 아이들에게 메여 있어서 다른 사람과 교류할 기회도, 자신을 위한 사색할 여유도 없다면 혼자만의 시간을 가질 필요가 있다. 취미생활이나 운동 등을 하면서 개인 시간을 가져보고 다른 사람과 마음을 나누는 시간을 가지면 화도 조금씩 누그러질 것이다.

그래도 화가 난다면 억지로라도 '하루에 한 가지씩 감사할 것 찾아보기' 같은 방법을 써보는 게 바람직하다. "오늘 하루, 아이들이 건강해서 참 감사합니다!", "딸아이가 나에게 그림을 그려주어서 참 감사합니다!"처럼 감사할 만한 일을 찾아봄으로써 긍정적인 경험을 늘려야 한다. 그러면 부정적인 감정인 화도 조절할 수 있게 된다.

딸의 마음을 살펴요

이제껏 아이에게 화를 내고 거부하는 반응만 보였다면 딸도 힘든 상황일 것이다. 그러니 딸과의 관계를 개선하고 싶다면 아이가 지금 무엇을 원하는지를 먼저 살펴보아야 한다. 그러기 위해서는 아이와 함께하는 시간을 늘려야 한다. 딸의 손을 잡고 둘이서만 장을 보러 간다거나 함께 요리를 만들어보면서 이야

말대꾸하는 딸이 미울 때!

아이가 엄마에게 꼬박꼬박 말대꾸를 하면 엄마는 화가 나게 되고 그것이 표정에 드러나게 된다. 그러면 아이는 엄마의 표정을 보고 '아, 내가 하는 말에 화를 내게 만드는 힘이 있구나.'라고 생각해 엄마를 화나게 할 목적으로 말대꾸를 하게 되는 것이다. 따라서 아이의 말대꾸에 발끈하지 말고 직접적이고 개방적인 대화를 하는 게 좋다. 원하는 게 있으면 상대방의 기분이 상하지 않게 말하는 방법을 엄마가 직접 보여주는 것이다.

기를 나누는 것이다. 그 과정에서 아이가 가지고 있는 생각과 고민을 들여다볼 수 있게 된다.

그리고 혹시라도 감정 조절이 잘 안 되어서 또다시 딸에게 화를 낼 것 같을 때는 심호흡을 크게 하고 아이의 행동을 부정적으로만 보지 않도록 노력해야 한다. 아이가 "엄마, 내가 엄마 얼굴 그려줄까?"라고 말을 하면 '쟤가 무슨 꿍꿍이로 내 얼굴을 그린다는 거지?'라고 생각하지 말고 "그래, 예쁘게 그려줘."라고 긍정적으로 받아주는 편이 좋다.

딸과 사이가 좋지 않은 엄마를 위한 사랑의 처방전

병원 놀이하기

엄마와 딸이 서로 의사가 되기도 하고 환자가 되기도 하면서 서로를 돌보고 치료해주는 놀이이다. "어디가 아파서 왔어요?", "목이 아파서 왔어요. 자꾸 화내고 소리를 질렀더니 목이 너무 아파요."처럼 서로 상처를 드러내고 또 치료하는 과정을 함께하며 자연스럽게 상처를 회복시키는 심리적인 의미도 있다.

놀이 방법
1 딸과 함께 병원 놀이 준비를 한다.
2 누가 의사가 되고 환자가 될 것인지를 결정한다.
3 환자 역할을 맡은 사람은 자신의 아픈 부분을 말하고, 의사 역할을 맡은 사람이 치료하는 일을 한다.
4 역할을 바꾸어서 놀이를 해 본다.

네 번째 이야기

아빠를 싫어하는 아이, 부모의 노력이 필요하다

문제 상황

아이가 아빠를 너무 싫어해요.

'눈에 넣어도 아프지 않은 대상'이 자식이다.
그런데 그런 아이가 "아빠 싫어!", "아빠랑 안 놀 거야.", "엄마만 좋아!"를 외쳐댄다면 아빠는 섭섭하고 엄마는 육아를 나누지 못해 힘이 들게 된다.
아빠를 싫어하는 아이의 속마음, 왜 그런 걸까?

01 아이는 왜 아빠를 거부할까?

아빠: 아빠가 책 읽어줄까?

아이: 싫어!

아빠: 아빠랑 산책 갈까?

아이: 싫어!

요구나 제의 따위를 받아들이지 않고 물리치는 것을 '거부'라고 하는데, 아이가 아빠를 이렇게 거부한다면 아빠는 정말 속이 상할 수밖에 없다. 자신은 정말 사랑하는 아이인데 아이가 아빠랑 책 읽는 것도 싫어하고 함께하는 시간 자체를 힘들어한다면 아빠는 '얘가 왜 나를 이렇게 밀어내는 걸까?'라는 생각이 들 수밖에 없는 것이다. 그런데 아이가 아빠를 거부하는 데는 여러 이유가 있다. 그중 크게 6가지 이유가 있는데 살펴보면 다음과 같다.

바쁜 아빠와 관계를 맺을 기회가 부족해요

아침 일찍 회사에 가서 저녁 늦게야 들어오는 아빠. 그러다 보니 주중에 아이가 아빠 얼굴을 볼 수 있는 시간은 그리 많지 않다. 더군다나 주말에 피곤해서 아빠가 잠만 잔다면 아이는 바쁜 아빠와 좋은 관계를 맺을 기회가 없는 것이다. 이런 아빠에게 아이 역시 마음을 열기는 쉽지 않다.

나이를 고려하지 않고 너무 큰아이 취급을 해요

아이들은 듬뿍 사랑을 받아야 하고 부모의 관심과 보살핌을 필요로 한다. 그런데 "넌 이제 다 컸잖아!"라는 말로 아이를 너무 큰아이 취급을 한다면 아이는 아빠에게 기대고 의지하려는 마음을 접게 된다. '아빠는 나를 받아주지 않아.'라고 생각하고 아빠를 밀어내게 되는 것이다.

아빠가 지나치게 엄격해요

집안에서 가장인 아빠가 지나치게 엄격할 경우에 아이는 아빠를 무서워하고 또 어려워하게 된다. 가장이 가족 구성원에 대하여 강력한 권한을 가지고 가족을 지배해야 한다고 생각하는 아빠가 불편하고 함께하고 싶지 않기 때문이다.

아빠가 놀이를 할 줄 몰라요

친구같이 놀아주는 아빠를 가리켜 '프렌드(friend)+대디(daddy)'를 줄여 '프레디'라고 부르는 신조어가 생겼다. 그만큼 아이와 놀아주는 아빠에 대한 요구가 높아졌다는 뜻이다. 그런데 아빠가 아이와 어떻게 놀아야 할지 몰라서 쭈뼛거리고 망설인다면 아이도 재미가 없어서 아빠와 함께 놀기를 싫어한다.

아이가 엄마와 더 밀착되어 있어요

아이가 소위 말하는 '엄마 껌딱지'일 경우 아빠가 제대로 설 수 있는 자리는 좁기 마련이다. 아이는 엄마와 모든 일을 함께 하고 싶어 하는데 아빠가 있으면 그러지 못해서 아빠를 더욱더 밀어내는 것이다.

아빠가 학대를 해요

슬픈 일이지만 2011년에 신고된 아동 학대 건수만 해도 8,000건이 넘는다고 한다. 만약 아빠가 아이를 몹시 괴롭히거나 가혹하게 대우하고 있다면 아이는 아빠를 무서워하고 겁내게 된다. 당연히 아빠를 거부하게 될 수밖에 없다.

02 엄마가 노력하면 아빠와 아이는 친해질 수 있다

아이가 아빠와 잘 지내지 못하고 엄마만 찾을 때 엄마가 어떤 날에는 "너는 왜 나만 힘들게 하니? 아빠한테 좀 가!"라고 소리를 질렀다가 또 어떤 날은 "그래, 우리 딸은 엄마밖에 없지?" 하며 안아주는 태도는 바람직하지 않다. 엄마가 이런 태도를 보이면 아이는 부모의 애정에 대해 확신하지 못하고 혼란스러워진다. 또한 엄마가 일관된 태도를 보이지 않으면 아이는 엄마에게 끊임없이 애정을 확인하고 애정을 확신하기 위한 증거를 찾으려고 하게 된다. 오히려 아이와 아빠의 사이를 더 멀어지게 만드는 것이다.

아빠와 아이를 위해 엄마가 이렇게 해요

우선 엄마는 아빠를 신뢰해야 한다. 하루 종일 아이와 같이 있는 대부분의 엄마보다 아빠가 아이를 돌보는 게 당연히 서툴 수밖에 없다. 아이가 무엇을 좋아하고 또 무엇을 싫어하는지 잘 모를 수밖에 없기 때문이다. 그래도 아빠를 믿어주어야 한다. 아이가 내 아이이기도 하지만 남편의 아이이기도 하니까 믿고 맡겨야 한다.

또한 아이에 대한 정보를 아이 아빠에게 많이 주어야 한다. "우리 민지의 제일 친한 친구는 서현인데요, 오늘 서현이랑 놀이터에서 놀았어요."라든지 "민지가 오늘 줄넘기를 10개 넘는 것을 성공했어요."와 같이 아이의 인간 관계나 발달 정도를 알려주면 아빠가 아이를 이해하고 대화를 하는 과정이 훨씬 수월해진다.

그리고 아빠와 함께 있는 시간을 보장해주는 것이 바람직하다. '잠자기 전 30분 동안은 아빠와 책 읽는 시간'으로 정했다면 그 시간은 아빠와 아이를 위한 시간으로 지켜주어야 한다. 그래야 아빠도 아이도 '아, 이 시간은 우리 둘만을 위한 시간이구나.' 하며 안정감을 느끼고 그 시간에 충실할 수 있다.

아빠와 아이를 위해 엄마가 이런 건 하지 말아요

아빠가 아이를 돌볼 때 큰 문제가 없는 한 잔소리하지 않아야 한다. 엄마들은 일반적으로 아빠가 아이들을 돌볼 때 "그 책은 지난번에 읽었으니 다른 거 읽어요.", "그렇게 하는 거 아니에요." 등의 이야기로 지적을 하고 잔소리를 많이 한다. 이렇게 되면 아빠들은 아이들과 노는 일이 부담스러워지고, 아이 입장에서도 '아빠는 어설프다.'라는 생각을 가질 수밖에 없다.

> **아이에게 해가 되는 위협적인 말**
> - "그럼 아빠랑 살아라!"
> - "너 때문에 힘들다!"
> - "그럼 동생은 망태 할아버지에게 줘 버린다!"
> - "너희 아빠는 왜 이런 것도 제대로 못할까?"

또한 아이 앞에서 말을 할 때는 조심하는 게 좋다. 아이 앞에서 아빠 흉을 본다거나 아빠를 비난하는 말을 하는 태도는 아빠와 아이 사이를 갈라놓기만 할 뿐이다. 아이의 안정감을 해치는 언어 표현 또한 좋지 않다. "엄마 힘들게 하지 말고 아빠한테 가."라고 말하면 아이는 '나는 엄마를 힘들게 하는 사람이야.'라는 생각을 갖게 되고 아빠에게 가는 상황을 겁낼 수도 있게 된다.

아빠가 아이와 함께할 때 해서는 안 되는 행동
- 아이가 싫다는 일은 계속하지 않는다.
- 평소에는 아이에게 무관심하다가 갑자기 화를 내지 않는다.
- 대화는 하지 않으면서 훈육만 하지 않는다.
- 아이의 나이와 발달 상황은 고려하지 않은 규칙을 강조하지 않는다.
- '무엇을 해야 한다.'라고 강요하지 않는다.

03 아빠가 노력하면 아이와 친해질 수 있다

아이가 아빠를 거부하거나 밀어낸다고 해서 크게 상처받고 포기할 필요는 없다. 아이는 아빠의 노력에 따라 얼마든지 아빠에게 마음을 열 수 있기 때문이다. 그런데 그러기 위해서는 아빠가 노력을 하고 변해야 한다. 아이만 변하고 가까이 다가오기를 바라는 것은 지나친 욕심이다.

아이에게 시간을 투자해요

눈에서 멀어지면 마음에서 멀어진다는 말이 있다. 그만큼 자주 보고 자주 함께해야 마음도 간다는 뜻이다. 아이와 소원해져서 걱정인 아빠라면 먼저 아이와 함께하는 시간을 많이 가지는 게 좋다. 아이의 이야기도 들어주고 아이와 함께 등산도 하면서 아이에게 시간을 투자해야 가까워질 수 있다.

아이가 좋아하고 아빠도 편한 놀이를 찾아요

아이를 위해 놀아준다고 해서 아빠가 정말 하기 힘든 놀이를 하는 것은 좋지 않다. 함께 즐거워야 관계도 더 좋아질 수 있기 때문이다. 그러니 아이도 좋아하고 아빠도 같이 놀아주기 편한 놀이를 찾는 편이 좋다.

아이의 훈육은 이렇게!

- 행동과 감정을 연결해 표현한다.
  예) "동생이 네 물건을 함부로 만져서 화가 났구나."
- 안 되는 이유는 짧게 이야기한다.
  예) "그래도 동생을 밀거나 때리면 안 되지. 아프잖아."
- 대안을 알려준다.
  예) "동생이 어리니까 동생 손이 닿지 않는 곳으로 물건을 올려 둘까?"
- 아이의 행동에 맞는 벌을 준다.
  예) "네가 잘못했으니 '생각하는 의자'에 가서 앉아야겠구나."
- 무엇을 해야 한다고 강요하지 않는다.
  예) "생각해 보고 네가 잘못했다고 생각하면 아빠에게 와서 얘기하렴."

훈계보다는 격려를 많이 해요

오래간만에 아이와 시간을 보내면서 자전거를 가르쳐주기로 한 것은 좋은데 아이에게 자전거를 가르치면서 훈계만 한다면 아마 아이는 아빠와의 시간을 즐겁게 느끼지 않을 것이다. 그럴 때는 "우와, 우리 딸! 자전거 실력이 많이 늘었는데?"와 같이 격려와 칭찬을 해주는 게 바람직하다.

아이가 스스로 할 수 있도록 격려해요

아빠의 눈에는 아직 아이가 어리기 때문에 아이가 하는 행동이 불안하게 보인다. 그렇다고 해서 아이가 해야 할 일까지 아빠가 다 해주는 것은 좋지 않다. 아이가 스스로 할 수 있도록 격려하고 배려해주는 아빠가 되어야 한다.

아빠를 거부하는 아이를 위한 사랑의 처방전

거울 보기 놀이하기

아빠는 아이와 함께 거울을 보면서 "이 예쁜 눈은 누구 눈?", "이 예쁜 코는 누구 코?" 등과 같이 말한다. 그러면 아이는 "내 눈!", "내 코!"라고 웃으며 대답할 것이다. 이 놀이는 서로 간의 애착을 증진시키고 아이의 자아존중감을 높일 수 있다.

놀이 방법
1 아이와 아빠의 얼굴이 함께 보이는 조금 큰 거울을 준비한다.
2 거울을 보며 아이의 눈을 가리키며 "이 예쁜 눈은 누구 눈?"이라고 묻는다.
3 아이의 대답에 웃으면서 반응한다.

다섯 번째 이야기

지나친 스킨십은 힘들 수 있다

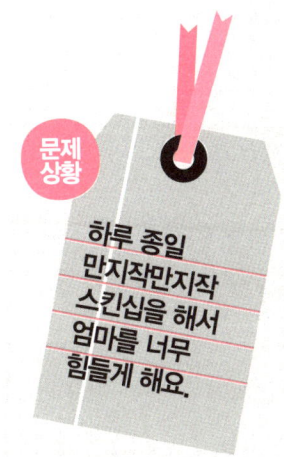

문제 상황

하루 종일 만지작만지작 스킨십을 해서 엄마를 너무 힘들게 해요.

좋아하는 사람과 손을 잡고 따뜻한 체온을 나누는 것은 너무나 당연한 일이다. 아이가 엄마, 아빠와 스킨십을 하고 싶어 하고 또 하는 것 역시 당연하다. 그런데 그게 정도가 너무 지나치다면 '정말 당연한가?'를 반문해 볼 필요가 있다. 지나친 스킨십은 다른 문제가 원인이 되어 표출되는 행동일 수 있기 때문이다.

01 스킨십이 심한 아이, 왜 그럴까?

하루 종일 엄마 팔이나 다리에 매달려 있고, 잠을 잘 때에도 엄마 품에서 살을 만지며 자는 아이. 물론 사랑스럽고 귀엽기는 하지만 엄마는 지치고 힘이 들 수밖에 없다. 아이에게 "엄마가 옆에 있으니까 그냥 만지지 말고 자자."라고 얘기하지만 소용이 없다. 이렇게 스킨십이 심한 아이, 도대체 이유가 뭘까?

〈불안정 애착이 형성되는 아이의 마음〉

	내적 상태	발생 가능한 문제들
불신감 형성	"사람과 세상은 위험해서 믿을 수 없어."	불안·적응상의 문제·사회성의 문제가 발생한다.
무가치감 형성	"나는 사랑받을 가치가 없고 쓸모없는 사람이야."	자존감·우울증의 문제가 발생한다.
성장 실패	"나는 살 가치가 없어."	반응성 애착 장애뿐 아니라 사망에 이르기도 한다.

엄마의 품은 강력한 위안제예요

엄마의 품은 언제나 포근하고 안전한 곳으로 기억된다. 평소에 아빠와 잘 지내던 아이들도 위기의 순간에는 "엄마!"라고 부르며 엄마의 품을 파고든다. 일반적으로 불안을 유발하는 상황이 발생할 때 아이들은 안전한 엄마의 품속에서 이를 해결하려고 한다. 엄마의 품은 가장 강력한 위안제이기 때문이다.

분리-개별화 발달을 이루기 위한 과정이에요

아이의 스킨십을 '분리-개별화 발달' 과정의 하나로 본 사람도 있다. 미국의 소아정신분석학자 말러는 아이가 어머니와 분리되는 과정을 '정상 자폐기-공생기-분리 개별화기'로 분류했다. 말러의 이론에 따르면 만 3세까지 아이에게 가장 필요한 발달 과업은 심리적으로 엄마와 건강하게 분리되는 것인데 엄마와의 분리가 어렵기 때문에 아이들은 이불, 장난감 등 엄마를 대신할 중간 대상을 만들어 스킨십하기도 한다는 것이다.

불안정 애착을 극복하고자 하는 몸부림이에요

아이가 양육자와 적절한 정서적 교류를 이루지 못했을 때, 충분한 돌봄을 받지 못했을 때, 잦은 분리로 불안함을 경험했을 때 불안정 애착을 형성하게 된다. 이렇게 안정적으로 애착이 형성되지 못했을 때 이를 극복하기 위해 더욱 심하게 매달리고 스킨십을 하려는 경향을 보인다.

02 스킨십을 좋아하는 기질의 아이가 있다

아이들의 생김새가 모두 다른 것처럼 아이의 성향과 기질도 제각기 다르다. 따라서 아이들 중에는 스킨십을 유독 좋아하는 기질의 아이도 있다는 점을 이해해야 한다. 이러한 기질은 태어날 때부터 타고난 것으로 아이의 기질과 성향을 파악해야 아이의 마음을 제대로 들여다볼 수 있다.

아이의 기질을 알아야 아이를 제대로 양육할 수 있어요

아이의 기질을 제대로 이해하지 못하면 스킨십을 좋아하는 아이를 보고 "얘는 왜 이렇게 사람에게 달라붙어!"라고 소리치게 된다. 뿐만 아니라 괜한 오해로 아이의 행동을 문제시하거나 사소한 문제를 확대해 부적절한 훈육을 할 수도 있다.

부모의 역할은 기질에 맞는 보호예요

아이가 어릴수록 타고난 아이의 기질은 더욱 잘 드러날 수 있다. 그래서 스킨십을 좋아하는 아이라면 어릴 때 더 접촉을 하려고 하고 더 만지작거리려고 한다. 이때 부모의 역할은 아이의 기질에 맞는 '보호'와 '중재'이다. 아이에게 적정한 선을 허용해주고 하지 말아야 할 행동은 제한해줄 필요가 있는 것이다.

아이의 기질을 파악하는 방법
- 먹고, 자고, 싸는 일부터 살펴라.
- 외부 자극에 대한 반응도를 살펴라.
- 또래와 비교해서 언어 및 인지 발달 상태를 점검하라.
- 충동성 및 주의력이 훈육만으로 조절이 가능한지 살펴라.
- 유치원 및 사교육 교사들의 평가를 유념하라.

아이의 기질에 맞는 훈육이 필요해요

지피지기 백전백승이라는 말이 있다. 나를 알고 남을 알면 백 번 싸워도 백 번 이길 수 있다는 의미이다. 아이를 키울 때도 마찬가지이다. 아이의 기질이 어떤지를 정확하게 알아야 아이에게 맞는 훈육을 할 수 있다.

 ## 과도한 스킨십도 해결할 수 있다

아이가 스킨십에 집착한다면 아이가 왜 피부 접촉에 집착하는지 그 이유를 찾아봐야 한다. 대부분의 아이들은 자신의 감정을 충분히 인식하고 말로 표현하는 일이 되지 않을 때 내면의 긴장감을 방출하기 위해 스킨십을 한다. 특히 불안정 애착이 형성된 아이들은 헛웃음, 신경질, 손톱 물어뜯기, 머리카락 뜯기, 공격적이고 산만한 행동 등 감각 자극으로 감정을 해결하려는 경향이 높다.

또한 움직임에 대한 추구뿐만 아니라 구강을 포함한 촉각에 대한 추구 성향이 높은 경우에도 과도한 스킨십을 할 수 있다. 피부 접촉을 통해 엄마의 애정을 확인하고, 긴장을 풀기 위한 시도를 하는 경우에도 스킨십이 과해질 수 있는 것이다.

이런저런 이유가 있다고 해도 스킨십이 지나치게 과하다면 바로잡을 필요는 있다. 무엇이든 과한 것은 부족함 못지않게 나쁘기 때문이다. 그렇다면 과도한 스킨십은 어떻게 해결할 수 있을까?

밤보다 낮을 화려하게 보내요

주로 스킨십을 하며 엄마를 힘들게 만드는 아이들은 밤에 피부 접촉을 하며 쉽게 잠에 못 드는 경우가 많다. 이런 아이들에게는 낮 시간을 알차게 보내게 해야 한다. 낮에 등산하기, 철봉에 매달리기, 사다리 기어오르기, 정글짐 오르내리기 등과 같이 근육과 관절을 많이 사용해야 하는 활동을 자주 하도록 한다.

또한 접촉이나 촉감으로 많은 것을 느끼는 시기이기 때문에 낮에 먹는 간식으로 오징어, 견과류, 껌 등 질감 있는 음식을 주는 게 좋다. 이런 간식을 먹음으로써 수시로 구강 내 감각을 느낄 수 있는 기회를 제공해주는 것이다. 그리고 밤에 잘 때는 스킨십을 할 수 없게 아이와 거리를 두거나 아예 다른 방에서

성에 관한 호기심이 생기는 시기는?

아이가 스킨십이 심해 자기 엉덩이도 만지고, 다른 사람의 엉덩이도 만진다면 '혹시 이 아이가 성에 관해 호기심이 생긴 건 아닌가?'라고 의심하는 부모도 있다. 그래서 "어허!" 하며 아이를 제지하거나 지나치게 걱정하기도 한다. 그렇다면 성에 관한 호기심은 언제 생기는 것일까?

만 5세 이전	만 6~12세	만 13세 이후
• 성에 관심을 가질 때가 아니다. • 이성과 동성의 개념을 확립한 채 만지는 게 아니다. • 피부 접촉은 '나를 사랑해주세요', '나를 봐주세요' 하는 관심의 표현이다.	• '변태'라는 말을 사용한다. • 성에 대해 적대시하고 반항하는 경향이 있다.	• '이성과 사귀고 싶다'는 생각을 하면서 관심을 가진다.

자는 등의 환경을 조성할 필요도 있다.

촉각을 완화할 수 있는 활동을 해요

촉각에 민감한 아이 즉 민감성에 대한 완화 욕구가 높은 아이가 스킨십에 집착을 한다. 따라서 촉각을 완화할 수 있는 활동을 하는 게 좋다. 먼저 극세사, 실크, 면, 푹신한 솜 등으로 아이가 좋아하는 침구류를 마련한다. 또한 잠들기 전에 로션이나 오일로 마사지를 해주거나 이불로 돌돌 말아 눌러주기 등의 활동을 통해 충분한 촉각 자극, 특히 깊은 압박감을 느낄 수 있는 활동을 충분히 해주면 좋다.

그리고 아이가 거부하지 않는다면 전동칫솔을 이용하여 양치질을 하고, 등이나 몸에 글씨 쓰고 알아맞히기, 물건 보지 않고 만져서 모양이나 촉감 알아맞

스킨십에 집착하는 아이를 위한 사랑의 처방전

거북이 놀이하기

피부 접촉을 좋아하고 접촉을 통해 안정감을 얻는 아이에게는 충분한 피부 접촉과 자연스러운 스킨십을 해주는 게 바람직하다. 담요를 씌우고 서로의 신체를 알아맞히는 '거북이 놀이'를 하면서 애정을 쌓고 아이의 긴장감을 줄일 수 있다.

놀이 방법
1 아이에게 담요를 씌운다.
2 담요 속에 있는 아이의 신체 부위를 더듬고 만져서 어디인지 알아맞힌다.
3 아이와 부모가 자리를 바꿔서 놀이를 한다.

히거나 설명해 보기 등과 같이 의식적으로 촉각 자극에 집중해야 하는 활동을 자주 해서 아이의 촉각적 민감성을 완화할 수 있도록 한다.

아이의 마음을 부모가 말로 대신 표현해요

아직 자기의 마음이나 생각을 겉으로 표현하는 일에 미숙해서 스킨십으로 이를 표현하는 아이라면 부모가 아이의 마음을 대신 표현하는 게 바람직하다. 예를 들어 "우리 성훈이가 혼자 자는 게 무섭구나. 그래서 엄마 팔을 만지면서 자고 싶구나."처럼 아이의 마음을 읽어주면 아이는 어느 정도 마음을 놓고 안정감을 얻을 수 있게 된다.

여섯 번째 이야기

부모와의 관계가 좋아야 사회성도 좋다

문제 상황

친구와 잘 어울리지 못 하는 아이, 부모와의 관계도 좋지 않아요.

친구와 놀고 싶어 안달이라 놀고 오라고는 하지만
막상 친구들과 노는 것을 보면 자기 할 말도 제대로 못 하고
잘 어울리지도 못 하는 아이 때문에 마음이 답답하다.
그래서 잔소리를 하다가 아이와 부모와의 관계 틀어져 버렸다면
어디서부터 잘못된 건지 몰라 더 힘들어진다.

01 사회성은 미래를 결정하는 지표이다

부모 마음에는 아이를 사람들과 잘 어울리고 어디서든 환영받는 아이로 키우고 싶은 게 당연하다. 환영받는 아이들의 공통적인 특징으로 사회성이 좋다는 점은 부인할 수 없다. 그래서 많은 부모들이 아이를 '사회성 좋은 아이'로 키우고 싶어 한다. 그렇다면 어떤 아이가 사회성이 좋은 아이일까?

사회성이란 아이가 성장하면서 사회에 잘 적응하는 태도나 능력을 의미한다. 사회의 기준에 맞추어 하는 행동으로 조절 능력이나 도덕성과 관련이 있는 특성이라 할 수 있다. 일반적으로 친구들 사이에서 성격이 원만하고 충돌 없이 지내는 아이를 보고 "이 아이는 참 사회성이 좋구나."라고 말한다. 사회성이 있는 아이는 대부분 안정된 기질을 가지고 있으며 자존감이 발달해 있다. 그렇기 때문에 친구들 사이에서도 인기가 많은 게 당연하다.

사회성은 아이의 마음이 얼마나 건강한지를 확인할 수 있는 지표가 되기도 하고, 아이의 미래를 결정하는 중요한 요소가 되기도 한다. 아동기 때 달성해

사회성에서 중요한 것

사회성은 '윈윈(Win-win) 상황'이 중요하다. 자신이 하고 싶은 일과 친구들이 하고 싶은 일을 절충하고 조율하면서 어울려야 하는 것이다. 자신의 뜻을 내세우는 대신 무조건 양보하면서 친구들의 뜻에 맞춰주거나 친구들에게 무조건 양보하기를 강요하는 모습을 보고 사회성이 좋다고 말할 수는 없다.

야 하는 각각의 발달 과제들이 조화를 이루어야 사회성이 형성될 수 있기 때문이다. 그렇기에 사회성이 높으면 집단생활과 사회활동을 즐기면서 충분히 참여할 수 있다. 또한 이렇게 사회성이 좋은 아이들이 행복하고 또 사람들 사이에서 인정을 받을 확률도 훨씬 높은 게 사실이다.

02 사회성이 높은 아이, 낮은 아이

사회성이 높은 아이는 협동적이에요

사회성이 좋은 아이는 사람들을 만나는 일에 수줍어하지 않는다. 자신이 나서야 할 상황에서 적극적으로 나서며 친절하다. 친구가 무거운 짐을 들고 갈 때 "내가 도와줄까?" 하고 선뜻 나설 수도 있다.

그리고 다른 사람의 잘못에도 인색하지 않고 관용적이다. 자신의 연필을 실수로 부러뜨린 친구에게 "괜찮아. 실수할 수도 있지."라고 말하며 친구의 마음을 다독일 줄도 알고 매사에 긍정적인 편이다. 자신의 마음이 안정되어 있기 때문에 다른 사람에게도 안정적으로 대할 수 있는 것이다.

사회성이 낮은 아이는 자존감이 낮아요

친구들과 잘 어울리지 못하는 사회성이 낮은 아이는 수줍음이 많다. 그리고 함께 하는 일도 잘 하지 못하고 비협조적인 모습을 보여준다. 또한 자존감이 낮아 '사람들은 내가 나서는 걸 싫어할 거야.'라는 마음을 가지고 있다.

이렇게 사회성이 낮은 아이들은 타고난 기질이 소극적이거나 예민할 수 있다. 원래부터 수줍음이 많고 혼자 무언가 하는 것을 좋아하는 아이들이기 때문이다. 낯선 사람을 심하게 가리는 경우에도 사회성이 낮다. 또한 언어 표현력이 떨어지거나 자기주장이 잘 되지 않는 아이도 사회성이 높지 않다는 특징이 있다. 남자아이의 경우에는 공격적으로 과잉행동을 하며, 여자아이의 경우에는 새침하거나 히스테릭한 행동을 보인다. 공감 능력이나 사회적인 상황 파악 능력이 떨어지는 경우에도, 대처 능력이 떨어지는 경우에도 사회성이 낮다.

이런 경우, 사회성이 높은 걸까?

• **상황**
친구와 놀 때 다른 아이들이 요구하거나 부탁하는 일을 거절하지 못한다. 그래서 친구가 자신의 장난감을 가지고 놀고 있어도 갖고 싶어서 쳐다보기만 할 뿐 적절한 말을 하지 못한다.

• **결론**
다른 아이들의 요구나 부탁을 들어주거나 부당한 대우에 대해 적절히 대처하는 일 역시 사회성과 관련이 있다. 자신의 마음을 제대로 표현하지 못하고 친구들과 어울린다고만 해서 '사회성이 좋다'라고 말할 수는 없다.

03 사회성의 기초는 엄마와의 관계

가정은 작은 사회이고 아이가 가장 처음 만나는 다른 사람은 '엄마'이다. 그렇기 때문에 엄마와의 관계는 사회성과 큰 연관이 있다.

사회성은 아기 때부터 만들어져요

많은 사람들이 지능보다 중요한 것은 '창의성'이고, 창의성보다 중요한 것은 '사회성'이라고 한다. 이때 말하는 사회성이란 단순히 사람들과 친하게 지내는 기술이 아니라 자신이 가진 능력을 발휘하고 조화시키는 능력이며 이는 놀랍게도 아기 때부터 만들어진다.

엄마와의 관계를 통해
- 아기는 '자기'라는 개념을 형성한다.
- 아기는 안정감과 신뢰감을 형성한다.
- 아기는 자신과 타인에 대한 이해를 한다.
- 아기는 관계의 기쁨을 인식하게 된다.

엄마와의 관계가 사회성을 좌우해요

아이에게는 먼저 엄마와의 강한 유대가 필요하다. 엄마와의 관계가 잘 맺어지고 나서 서서히 주위 사람과의 관계를 만들어나가기 때문이다. 엄마와의 관계가 제대로 이루어지지 않으면 다른 사람과의 관계에도 악영향을 줄 수 있다.

또한 유아기의 사회성 발달 과정에 있어서 가장 중요한 역할을 하는 것은 '엄마의 양육태도'이다. 아이는 엄마와의 관계를 통해 상대의 말을 들어주고, 마음을 알아주고, 배려하고 협상하는 방법을 꾸준히 연습하고 다른 사람들에게 활용한다. 아이들은 어릴 때 엄마와의 관계에서 형성된 믿음을 바탕으로 타인과의 관계를 즐겁고 기쁜 것으로 받아들일 수 있고, 힘들고 귀찮고 괴로운 것으로 받아들일 수도 있다.

엄마와 갈등을 겪은 아이

- 아이의 기본적인 자율성을 많이 침범당한다.
- 지시적이고 통제적 양육태도로 자기 조절능력이 내재화되는 것을 방해한다.
- 타인에 대한 의존성이 높아진다.
- 부당하게 대우받은 일에 대해 화난 마음이 생긴다.
- 엄마와의 갈등에 적절히 대처하지 못하고 일방적으로 혼이 난 일 때문에 밖에서도 적절한 대처를 하기 어려워한다.

04 부모와의 관계에서 사회성을 키워주는 5가지 방법

직접적인 훈련을 해요

부모는 아이에게 인사하는 방법, 식탁에서 밥 먹는 방법 등을 직접 가르치면서 사회성 발달을 돕는다. 예를 들면 다른 사람의 말을 잘 듣는 법을 다음과 같은 순서에 따라 훈련시킬 수 있는 것이다. '조용히 앉는다 → 무릎 위에 손을 올려놓게 한다 → 말하는 사람을 쳐다보게 한다 → 말하는 사람의 이야기를 듣게 한다 → 입을 다물고 있게 한다' 식으로 말이다.

유익함에 대해 가르쳐요

아이에게 사회성이 좋으면 좋은 일이 많이 생긴다는 점을 가르칠 필요가 있다. 예를 들어 "어른들께 인사를 잘하면 칭찬을 받을 수 있어."와 같이 사회성이 가지고 있는 구체적인 이로움에 대해서 아이에게 알려주는 것이다.

잘한 일은 보상해요

다른 사람들에게 인사하는 일을 수줍어하던 아이가 어느 날 조심스럽게 "안녕하세요."라고 인사를 했다면 부모는 놓치지 말고 칭찬을 해주어야 한다. 아이가 적절한 행동을 하였을 때 따뜻한 미소를 보여주거나 칭찬을 해주는 식의 보상이 바람직하다. 그래야 아이는 자신의 행동을 강화해서 점점 더 사회성을 높일 수 있다.

모델로서의 역할을 해요

부모가 먼저 좋은 모범을 보일 필요가 있다. 다른 사람에게 인사하는 모습, 시장에서 가격을 흥정하는 모습 등을 아이에게 보여줌으로써 다른 사람들과 함께하는 방법을 알려줄 수 있다. 이런 부모의 태도를 보면서 아이는 사회성을 발달시키게 된다.

행동을 조절할 수 있도록 해요

아이가 다른 친구의 장난감을 빼앗을 때 야단을 치는 등 부모는 아이의 사회적이지 않은 행동에 대해 제한을 하거나 벌을 주어야 한다. 그래야 아이가 자신의 행동이 잘못된 것임을 알고 조절할 수 있다. 이런 과정을 통해 아이들은 좋지 않은 행동은 버리고 상황에 맞는 적절한 행동을 학습할 수 있게 된다.

사회성이 부족한 아이를 위한 사랑의 처방전

스피드 퀴즈 놀이하기

사회성이 부족한 아이는 대부분 자신의 생각이나 주장을 효과적으로 말하지 못하는 편이다. 따라서 아이와 함께 자신의 생각을 말할 수 있는 연습을 많이 해 두는 게 좋다. '스피드 퀴즈 놀이'는 말 그대로 빠른 시간 내에 단어를 설명해야 하므로 자신의 생각을 빨리 정리해서 잘 전달할 수 있는 훈련이 된다.

놀이 방법
1 아이가 문제를 내고 부모가 맞히는 역할을 한다.
2 한 문제당 10초를 주고 차례대로 단어를 설명하게 한다.
3 아이와 부모가 자리를 바꿔서 놀이를 한다.

소통을 잘 하는 5가지 방법

1. 내가 먼저 마음을 열어요
소통이라는 서로 막히지 아니하고 잘 통하는 것을 의미한다. 이렇게 잘 통하기 위해서는 부모가 먼저 마음의 문을 열어야 한다. 아이의 이야기를 들을 때도 편견 없이 마음을 열고 들으면 아이는 보다 편하게 자신의 이야기를 할 수 있을 것이다.

2. 화가 났을 때는 한발 물러나요
살다 보면 '욱' 하는 순간이 찾아온다. 특히 아이를 키우다 보면 하루에도 몇 번씩 이런 순간을 맞게 된다. 이렇게 화가 났을 때는 소통을 제대로 하기 힘들기 때문에 한발 물러나는 것이 좋다. 그러고 나서 화가 가라앉았을 때 조곤조곤 얘기를 하는 편이 바람직하다.

3. 웃는 얼굴로 대해요
인상을 잔뜩 쓴 상태로 있는 부모에게 미주알고주알 오늘 유치원이나 학교에서 있었던 일을 얘기할 아이는 없다. 웃는 얼굴로 아이를 대하고 이야기를 한다면 아이와의 소통이 조금 더 수월해질 것이다.

4. 따지듯이 묻지 않아요
학교에서 돌아온 아이에게 대뜸 "오늘 학교에서 발표하는 거 잘 했어? 집에서 준비한 대로 하긴 한 거야?"라고 물어보는 식으로 말하는 것은 좋지 않다. 이렇게 따지듯이 물어보면 아이는 주눅이 들어서 입을 열기 더 힘들어지기 때문이다.

5. 스킨십도 소통의 방법이에요
밖에서 친구들과 싸워 크게 속상한 아이에게 "누가 먼저 잘못한 거야?"라고 묻기보다는 그냥 꼭 안아주는 편이 좋다. 따뜻하고 친밀한 스킨십 역시 소통의 한 방법이기 때문이다. 스킨십을 통해 아이는 부모가 자신을 든든하게 지지하고 있다는 안정감도 함께 느낄 수 있다.

PART 4

학습 처방전
"공부가 잘 안 돼요"

첫 번째 이야기

의욕이 없으면 공부도 걱정이다

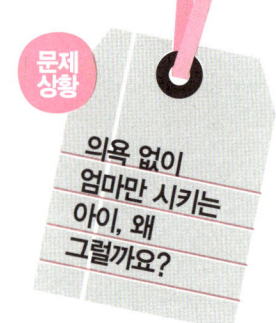

문제 상황

의욕 없이 엄마만 시키는 아이, 왜 그럴까요?

제 손 하나 까딱하지 않고 엄마에게만 모든 일을 시키는 아이. 스스로 하는 일이 늘어날 나이인데도 불구하고 모든 것을 엄마가 해주길 바라는 아이 때문에 엄마는 늘 힘들고 지친다. 아무것도 하지 않으려는 아이를 보면 이러다가는 공부도 제대로 하지 않을 것 같아 내심 걱정이 된다.

01 의욕이 없는 아이, 감각 통합을 확인해야 한다

하루 종일 기운이 없고 자기가 생각해서 하는 일은 하나도 없는 아이. 그래서 "유치원에 가야지."라고 하면 한참을 망설이고 실랑이를 하다가 갔다 오고, 재미있게 놀라고 해도 의욕이 없어 보인다. 밥을 먹을 때에도 손가락 하나 까딱하려고 하지 않아서 밥을 떠서 먹여줘야 입을 벌리는 아이. 이렇게 모든 게 다 귀찮고 엄마랑 집에만 있으려고 하는 아이라면 '혹시 감각 통합에 문제가 있는 것은 아닐까?' 하고 의심해 볼 필요가 있다.

감각 통합이란 신체적 또는 정신적 활동을 위하여 감각을 조직화하는 과정을 말한다. 외부에서 감각을 받아들여 그것을 상황에 맞게 적절히 통합하는 일이 바로 감각 통합이다. 그런데 감각 통합에 문제가 있을 경우 의욕이 없어 보일 수 있는 것이다.

감각 통합적 자극을 주는 방법

- **움직임이 있는 놀이를 한다**
아이와 놀이터에서 활동을 많이 한다. 특히 그네, 사다리 등의 활동이 좋다.

- **구강활동을 한다**
껌이나 오징어, 견과류와 같은 질감 있는 음식을 씹는 게 좋다.

- **촉각활동을 한다**
촉각으로 느껴질 수 있는 볼풀 놀이나 이불말이 놀이를 하면서 접촉으로 감각 자극을 주는 것이 좋다.

안과 밖에서 다른 태도를 보여요

아이가 집 안에서 하는 행동과 밖에서 하는 행동이 다를 수 있다. 집 안에서는 아무런 행동도 안 하고 가만히 있다가 밖에 나가면 또래 친구들 사이에 묻혀서 잘 노는 경우를 보이기도 하는 것이다.

좌절에 대한 인내력이 부족해요

어떤 일이 조금만 어려워도 하지 않으려 하는 경향이 있다. '나는 안 될 거야.'라는 생각을 가지고 있어서 쉽게 포기를 하는 것이다. 그런데 이런 생각이 계속될 경우 아이의 인지 능력에도 영향을 줄 수 있다.

긴장감이 커요

감각 통합에 문제가 있는 아이들은 항상 불안해하는 경향이 있다. 그리고 자신의 마음이 말로 표현되지 않을 때에는 소리를 지른다거나 울음을 터트리는 등의 부적절한 행동을 보이기도 한다.

감정 조절이 잘 되지 않아요

아이 스스로 감정의 조절이 잘 되지 않아서 혼란을 겪게 된다. 주위에서 볼 때 '이 아이는 왜 이렇게 산만하지?'라는 생각을 할 수 있을 정도로 이랬다저랬다 하게 되는 것이다.

사회성에 문제가 생길 수 있어요

감각 통합에 문제를 가지고 있는 아이의 경우 어떤 일을 실행하는 것 자체에 어려움을 느끼기 때문에 부모와 떨어지는 상황을 겁내게 된다. 자기 혼자 뭘 하는 게 힘들기 때문이다. 그러다 보니 스스로 해야 할 일도 엄마나 아빠의 손을 빌리게 되고 이것이 또다시 사회성을 떨어뜨리는 원인이 되어 악순환을 거듭한다.

02 부모의 태도가 의욕 없는 아이를 만든다

만약 아이에게 감각 통합 문제가 있어서 부모 옆에만 붙어 있고 의욕이 없다고 해도 크게 낙담할 필요는 없다. 충분히 문제를 보완해서 해결할 수 있기 때문이다. 그런데 문제를 해결하기 위해서는 부모의 태도가 중요하다. 부모의 태도가 더 의욕 없는 아이를 만들 수도 있기 때문이다. 그렇다면 부모의 어떤 태도가 의욕 없는 아이를 만드는 걸까?

무조건 갈등을 회피해요

아이 키우는 일에서 뿐만 아니라 다른 대인 관계에서도 갈등이 생기는 상황이 싫어서 거의 모든 일을 다른 사람에게 맞춰주고, 거절을 못하는 사람이 있다. 이런 경우 다른 사람과의 관계에서는 갈등이 생기면 피해 버리면 그만이지만 아이 양육의 경우 피해나갈 방법이 없으므로 아이들에게 자기주장이 생기는 시기부터 훈육에 어려움이 생기게 된다.

아이의 반응에 민감하게 반응하지 못해요

아이가 감각 통합에 문제가 있을 경우 부모가 아이의 감정을 잘 알아차려서 위로해주고 발달을 격려해주어야 한다. 그런데 이에 대한 이해 없이 그저 아이가 원하는 일을 다 해주게 되면 아이는 조절이나 실행에 대한 연습을 하지 못하게 된다. 결국 아이가 가지고 있는 약점이 더욱 악화될 수 있는 것이다.

아이를 과잉보호해요

의욕이 없는 아이일수록 스스로 무언가 해 볼 수 있도록 격려하는 과정이 꼭 필요하다. 아이가 무언가를 잘 못 하는 상황에서 격려하면서 해낼 수 있도록 옆에서 함께 버텨주는 지지 과정이 필요한데 그러지 않고 "괜찮아. 엄마가 다 해줄게."라고 아이를 과잉보호하면 아이는 그 기회를 영영 잃어버리게 된다.

의욕 없는 아이의 유형

[유형 1] 아이다운 활기가 없는 아이	[유형 2] 좋아하는 것에만 의욕을 보이고 그렇지 않은 일에 흥미를 보이지 않는 아이
• 몸이 허약하거나 소심한 성격이 원인일 수 있다. • 자신감의 부족이 원인이 될 수 있다.	• 아이가 흥미를 보이는 일을 부모가 인정해주지 않고 무시한 일이 원인이 될 수 있다.

자신의 울타리 속에서만 아이를 키워요

주변 사람들과 적극적으로 교류하지 않고 집에서 자신이 좋다고 생각한 방법대로만 아이를 키우는 부모들이 있다. 하지만 이 경우 놓치게 되는 부분도 있다. 다른 사람들이 어떻게 아이를 키우는지도 살펴보고 내 아이의 특성은 어떤지 객관적인 자료를 찾아볼 필요가 있다.

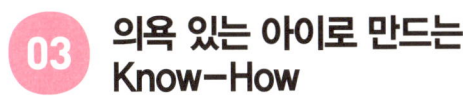

03 의욕 있는 아이로 만드는 Know-How

아이의 감정을 말로 표현해줘요

아이는 자신의 감정을 말로 제대로 표현하지 못할 때가 있다. 그래서 낯선 곳에 가면 괜히 칭얼대고 떼를 쓰기도 한다. 그럴 때는 부모가 아이의 감정을 대신 얘기해주어야 한다. 낯선 곳에 와서 아이가 괜히 엄마나 아빠를 때리면 아이의 손을 꼭 잡고 "우리 아들이 여기가 낯설어서 마음이 좀 불편하구나?"라고 말해주는 것이 바람직하다.

적절한 표현을 가르쳐요

아이들은 자신의 감정을 제대로 표현하지 못하므로 적절한 표현을 가르쳐야 한다. 예를 들어 "아들아, 어색하고 낯설어서 힘이 들 때는 때리지 말고 말로 하는 게 좋아. 그러지 않으면 못 알아듣잖아."라고 말한다.

주어 사용에 주의해요

대부분의 의욕이 없는 아이는 모든 상황을 "해 줘!"로 넘겨왔을 것이다. 그러니 아이에게 의욕을 심어주고 싶다면 아이 즉 '너'로 초점을 맞추어서 말해야 한다. 그래서 "엄마가 도와줄게."가 아니라 "네가 한번 해 보렴. 그래도 어려우면 얘기해."라고 주어를 바꾸어 말하는 게 좋다.

"어디 한번 같이 해 볼까?"라고 말해요

아이가 힘들어하고 안 하려고 하는 상황에서 부모가 먼저 "그래, 힘들면 하지 마."라고 말하는 태도는 바람직하지 못하다. 의욕이 없어서 점점 더 아무것도 안 하려고 할 수 있기 때문이다. 따라서 이런 아이들에게는 "어디 한번 우리 같이 해 볼까?"라고 말해야 한다.

의욕이 없는 아이를 위한 사랑의 처방전

아이와 거품 목욕 놀이하기

감각 통합에 문제가 있어서 의욕이 부족했던 아이에게는 여러 감각 중 촉각을 많이 경험하게 하는 게 좋다. 특히 거품 목욕을 하면 촉각에 대한 예민함이 완화된다. 거품 목욕은 아이의 정서에 많은 도움이 되고 스킨십을 통해 부모와 서로에 대한 사랑도 듬뿍 느낄 수 있다.

놀이 방법

1 아이를 욕조에 들어가게 한다.
2 비누로 아이와 함께 거품을 만든다.
3 거품을 손, 발, 얼굴에 묻히며 목욕을 한다.

긍정적인 목표점을 만들어주세요

아이가 "나 못하겠어."라고 말할 때 정말 못한다고 단정 짓기보다는 아이가 해낼 수 있다는 마음을 갖도록 격려하는 게 중요하다. "지금은 힘들지만 조금 있으면 아마 하고 싶은 마음이 들 거야. 그때까지 기다려보자."라고 말해주면서 긍정적인 목표점을 만들어주어야 한다.

두 번째 이야기

1등만 하려는 아이, 안 되는 것을 가르쳐야 한다

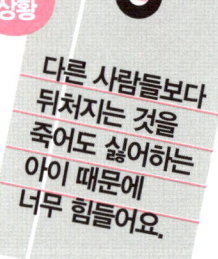

문제 상황

다른 사람들보다 뒤처지는 것을 죽어도 싫어하는 아이 때문에 너무 힘들어요.

걸어갈 때도 꼭 제일 앞에서 걸어야 하고,
밥을 먹을 때도 꼭 제일 빨리 먹어야 하는 아이.
아이가 늘 신경을 곤두세우고 날카롭게 군다면 엄마도 지치고
아빠도 지치고 만다. 늘 1등을 할 수는 없는 법인데, 언제까지 1등만 하려는
아이의 비위를 맞춰줘야 하는지 몰라서 고민이다.

01 1등을 하고 싶은 마음, 경쟁의 시작

무조건 "내가 할 거야!", "내가 먼저 할 거야."를 외치는 아이를 보면 내심 귀엽기도 하지만 걱정도 되는 게 부모의 솔직한 마음이다. 세상을 살면서 항상 1등만 할 수는 없기 때문이다. 그런데 대부분 이렇게 "내가 1등할 거야."라고 외치는 아이들은 만 4~5세 연령의 아이들로 이 시기에는 경쟁심이 생기기 시작한다고 짐작해 볼 수 있다.

사실 만 4~5세 아이들은 기본적으로 주도성을 발휘하기 시작하며 자신이 가진 능력을 사용해 보고 싶어 하는 욕구가 생기는 때이다. 특히 이 시기 아이들의 1등을 하고 싶은 마음은 '경쟁'에서 시작된다고 볼 수 있다. 여자아이의 경우에는 엄마와 아빠, 자신의 삼각 관계에서 아빠를 차지하기 위해 엄마와 경쟁하려는 욕구가 생기고, 남자아이의 경우에는 엄마를 사이에 두고 아빠와 경쟁하려는 욕구가 생기는 것이다.

그런데 경쟁 욕구에서 나아가 1등만 하고 싶어 하는 아이의 마음은 '부모의 양육태도'가 강화했을 수도 있다. "우리 지윤이는 아무거나 다 잘하지?"라고 말하며 높은 기대를 드러낸다거나, "발표회에서는 당연히 우리 딸이 주인공을 해야지!"라고 말하며 두각을 나타내는 아이로 키우려고 했을 수 있다는 말이다. 그러다 보니 아이가 "나는 1등만 할 거야."라고 말했을 때 크게 제지하지 않고 흐뭇하게 생각했을 것이다. 이렇게 1등을 은근히 바라는 부모의 태도에 아이가 자신의 행동을 강화시켰을 수 있다.

02 올바른 경쟁을 가르쳐야 한다

달리기를 하는 아이들을 보면 주먹을 꽉 쥐고 정말 열심히 달린다. 다른 아이보다 먼저 결승점에 들어오기 위해서 최선을 다하는 것이다. 이렇게 누구나 잘하고 싶고 또 1등을 하고 싶어 하는 마음을 가지고 있다. 그렇기 때문에 1등이 되고 싶어 하는 마음 자체는 크게 잘못된 것이 아니다. 오히려 자연스러운 일이다. 하지만 경쟁적인 행동이 잘 조절되지 않을 경우에는 문제가 될 수 있음을 알아야 한다. 지나친 경쟁에서 비롯된 행동이 심하면 바람직한 부모-자녀 관계 및 또래 관계 형성을 방해할 수 있기 때문이다. 따라서 1등을 하고 싶은 마음, 경쟁에서 이기고 싶은 마음을 가지고 있더라도 적절하게 경쟁할 수 있도록 지도해야 한다.

결과보다 과정의 중요성을 알려주세요

아이가 100점 맞은 시험지를 들고 왔을 때 "우리 딸이 100점을 맞았네. 정말 잘했어."라고 말하기보다는 "매일 열심히 공부하더니 시험을 잘 보았구나."라고 과정을 칭찬해주는 게 좋다. 결과보다 과정의 중요성을 알려주는 것이다. 또한 결과가 좀 좋지 않았어도 아이가 열심히 했다면 그 과정이 매우 훌륭했음을 되새겨주는 게 아이의 정서에 바람직하다.

작은 성공에 과도한 칭찬은 금물이에요

아이가 조그마한 일을 잘 해도 부모 입장에서는 참 대견하고 또 신기하다.

그래서 환호성을 지르고 칭찬을 하게 된다. 하지만 작은 성공에 대한 지나친 칭찬은 오히려 해가 될 수 있다. 적절하게 칭찬하여 아이가 자신의 모든 행동을 '칭찬을 듣기 위해서'에 초점을 맞추지 않도록 해야 한다.

실패했을 때 꾸중보다 위로를 해요

유치원 체육 대회 때 달리기에서 꼴찌로 들어온 아이에게 꾸중은 좋지 않다. 그러면 아이는 '우리 엄마, 아빠는 내가 잘 못하면 나를 싫어해.'라는 생각을 하게 되고 실패에 대한 두려움을 갖게 될 수 있기 때문이다. 아이가 실패했을 때는 꾸중을 하기보다는 따뜻하게 위로를 해주는 게 좋다.

지나친 칭찬은 나쁘다!

칭찬은 긍정적인 보상으로 좋은 영향을 주는 방법 중 하나이다. 하지만 칭찬도 지나치면 나쁠 수 있다. 진짜 자신이 하고 싶어서 하는 게 아니라 칭찬을 받고 싶어서 행동을 하게 되는 경우가 발생하고 그런 경우에는 아이의 자존감을 떨어뜨릴 수 있기 때문이다.

또한 칭찬을 받아도 지나치면 오히려 불안해지는 효과가 있다. "우리 유정이는 정말 못하는 게 없어! 최고야, 최고!"라는 칭찬을 들었다면 아이는 '내가 그렇게 잘하는 것은 아닌데…'라는 생각을 갖게 되고 언제 자신의 본래 실력이 들통날지 몰라 전전긍긍하게 되는 것이다.

그리고 계속해서 과한 칭찬을 들은 아이는 칭찬에 연연해하고 칭찬받지 못하게 되면 화를 내게 될 수 있다. 칭찬을 당연하게 받아들여서 칭찬을 받지 못하는 상황에 의기소침해질 수도 있고 오히려 화를 내는 것이다.

아이의 한계를 명확하게 알아야 해요

아이가 뭐든지 혼자 하려고 하고 1등을 하려고 한다고 해서 실제로 그럴 수 있는 것은 아니다. 칼을 쓰는 위험한 요리를 아이 혼자 해서는 안 되고, 어른과 달리기를 했을 때 아이가 지는 것이 당연하기 때문이다. 따라서 아이의 한계를 부모도 명확하게 알고 아이에게도 자연스럽게 설명할 필요가 있다.

1등만 해야 하는 아이를 위한 Know-How

밥상머리교육을 해요

밥도 무조건 다른 사람들보다 빨리 먹으려는 아이에게는 밥상머리 교육이 반드시 필요하다. 어른이 숟가락을 들면 그다음에 아이가 숟가락을 든다거나 식사가 다 끝나기 전에는 일어나지 않는다와 같은 예절을 가르쳐야 한다. 그래서 밥을 빨리 먹는 일보다 더 중요한 게 있다는 사실을 아이가 알게 해주어야 한다.

아빠와의 놀이 시간 늘려요

의욕이 넘치는 아이와 몸으로 노는 놀이를 많이 해줄 필요가 있다. 특히 힘이 센 아빠와 놀이를 하며 아이의 힘을 조절해준다. 예를 들어 아이와 아빠가 이불로 서로 몸을 돌돌 마는 놀이를 하는데 아이가 힘 조절이 안 되어서 지나치게 과격해지면 "잠깐! 여기까지만!"이라고 하면서 알려주는 것이다. 그러면서 아이는 조절에 대해 배우고 스스로 멈춰야 할 시점을 알게 된다.

결과보다는 과정에 주의를 기울여요

1등에 대해 집착하는 아이에게 부모도 '결과'를 강조하면 점점 아이는 1등이 아니면 의미가 없다고 생각할 수 있다. 결과보다는 과정에 주의를 기울이도록 돕는 게 바람직하다. 그래야 아이도 '그래, 굳이 1등을 하는 게 꼭 중요한 건 아니구나.', '우리 엄마, 아빠는 1등을 하지 않아도 괜찮아 하시는구나.' 하고 느끼게 된다.

> **결과보다는 과정을 중시하는 말**
> - "네가 후회 없이 열심히 했으니 괜찮아!"
> - "최고보다는 최선을 다하는 게 중요해."
> - "빨리 하는 것보다 제대로 하는 게 더 좋은 거야."

부모의 기대 수준을 낮춰요

부모가 '우리 아이는 항상 1등만 할 거야.', '이 아이는 뭐든 잘할 거야.'라는 기대를 가지고 있어서는 곤란하다. 그러면 아이는 부모의 기대 수준을 맞추기 위해서 무리를 할 수밖에 없는 것이다.

우리 아이 건강한 훈육법

1 '제한의 4단계'를 활용한다.
    1단계: 아이의 마음 읽어주기
    2단계: 안 되는 이유 말해주기
    3단계: 대안 주기
    4단계: 최후 통첩하기
2 되는 일과 되지 않는 일을 구분해준다.
3 다른 사람의 요구를 듣고 지시를 따르는 훈련하기 놀이를 활용하여 다른 사람의 요구를 듣고 지시에 따르는 훈련을 한다.

'되는 행동, 되지 않는 행동'의 목록을 만들어요

아이에게 일일이 "그러지 마!", "이렇게 해!"라고 말하기보다는 되는 행동과 그렇지 않은 행동을 목록으로 만들어서 냉장고 앞과 같이 잘 보이는 곳에 붙여두는 게 좋다. '되는 행동 – 운동장에서 빨리 달리기', '되지 않는 행동 – 앞에 서고 싶어서 새치기하기'처럼 적어두면 아이도 자신의 행동을 바꾸는 데 큰 도움을 받을 수 있다.

1등만 하려는 아이를 위한 사랑의 처방전

가라사대 게임하기

'가라사대'란 '말씀하시되'의 뜻으로 쓰이는 말인데 '가라사대 게임'을 하며 1등만 하려는 아이의 마음을 다독일 수 있다. 순서를 정해서 한 명이 지시를 내리고 다른 사람은 그 지시에 따르는 방식이다. "가라사대! 손을 머리 위로 올려라!"라고 말하면 그 지시대로 따라야 하는 게임이다. 만약 이때 '가라사대'를 붙이지 않고 지시를 내리면 그 행동을 하지 않아도 된다는 규칙이 붙는다.

이 놀이를 통해 1등만 하려는 아이도 다른 사람의 지시에 따르는 훈련을 할 수 있다. 뿐만 아니라 자신의 행동이 다른 사람의 행동에 영향을 줄 수 있다는 것을 경험하게 된다.

게임 방법
1 지시를 내릴 사람과 지시를 받을 사람을 정한다.
2 지시를 내리는 사람은 '가라사대'를 붙여서 말을 한다.
3 지시를 받는 사람은 지시대로 움직인다.
4 순서를 바꿔서 지시를 내리고 지시를 받는다.

세 번째 이야기

꼴찌가 되는
연습도
필요하다

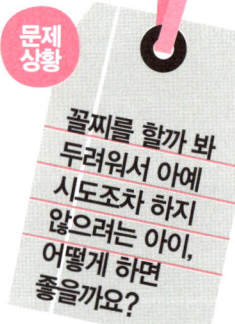

문제 상황

꼴찌를 할까 봐 두려워서 아예 시도조차 하지 않으려는 아이, 어떻게 하면 좋을까요?

그림을 잘 그리는데도 그림 대회에는 나가지 않으려는 아이,
이유는 '꼴찌를 할까 봐'이다. 이렇게 꼴찌가 되는 게 두려워서 아무것도 시도하지
않으려는 아이를 보면 부모는 막막하다. 꼴찌가 싫어 아무것도 안 하려는 아이!
왜 이런 생각을 갖게 된 걸까? 그리고 이 아이를 어떻게 하면 좋을까?

01 꼴찌가 두려운 아이에게 필요한 건 관심과 격려

꼴찌가 두려운 아이는 '내가 잘 못하면 어떻게 하지?'라는 두려움을 마음속에 가지고 있다. 잘 못했을 때 부모나 주위 사람으로부터 싫은 소리를 듣는 일을 두려워하고 있는 것이다. 그래서 "안 할래."라는 말을 입에 달고 주변의 기대를 낮추려는 행동을 보인다. 다른 사람이 뭐라고 하기 전에 자신이 못 한다고 말함으로써 스스로 불안을 낮추려는 시도이다.

이렇게 잘 하지 못할 일에 대한 두려움이 큰 아이라면 긍정적인 관심과 격려를 보여주어야 한다. "잘했어."라는 칭찬으로 긍정적인 관심을 받은 아이는 유능감과 자존감이 높아진다. 그리고 기분도 좋아지는데 좋은 기분은 아이의 발달에 좋은 호르몬을 방출시키기 때문에 성장과 발달에도 큰 도움이 된다.

물론 이렇게 좋은 칭찬도 과도하게 남발해서는 안 된다. 별것도 아닌 일에

아이에게 좋은 칭찬

• **구체적인 칭찬**
"우와, 네가 그린 바다는 엄청 시원해 보여. 당장이라도 뛰어들어 수영하고 싶은 걸!"

• **과정에 대한 칭찬**
"축구에서는 아깝게 졌지만 끝까지 물고 늘어지는 네 모습에 상대편이 깜짝 놀라는 눈치더라."

칭찬을 하면 오히려 칭찬에 대해 무덤덤하게 만드는 부작용을 만들어낼 수 있기 때문이다. 또한 다른 아이와 비교하거나 결과에만 치우친 칭찬은 오히려 아이를 초조하게 만들 수 있다는 점을 명심해야 한다.

그렇다면 어떤 때 칭찬을 하면 좋을까? 먼저 아이가 전에 비해서 좀 더 노력하고 애썼을 때 칭찬을 하는 게 좋다. 그리고 칭찬을 할 때도 "잘했다!", "최고다."와 같이 다른 사람과 비교하는 투의 칭찬보다는 관심과 격려가 느껴지는 칭찬이 바람직하다. 그러기 위해서는 우선 아이의 행동과 마음에 공감해주어야 한다. 아이의 마음을 읽은 다음 결과보다는 과정에 초점을 맞추어 칭찬을 하는 것이다.

02 아이의 두려움은 부모의 양육태도 때문이다

일관성 있는 부모의 양육태도는 중요하다. 어떤 때는 숙제를 안 하고 자도 괜찮다고 했다가 어떤 때는 불 같이 화를 내면 아이는 불안해지기 때문이다. 이랬다저랬다 하지 않고 일관성을 가지고 양육을 하면 아이도 혼란을 겪을 일이 없다.

하지만 지나치게 단호한 부모의 태도 역시 아이에게 안 좋은 영향을 줄 수 있다. 아이는 부모의 지나치게 단호한 태도에 '아, 나는 어차피 해도 안 되는구나.' 하는 무력감이나 패배감, 절망감을 느끼기 때문이다. 따라서 아이에게 단호한 태도를 보일 때는 다음과 같은 점을 고려해야 한다. 양육의 기본은 일관성과 융통성이 조화를 이루는 것이기에 주의해야 한다.

부모의 결정이 일방적인가요?

부모는 단호하게 결정을 내리고 아이는 그 결정을 따라야 한다고 생각하는 부모가 많다. 하지만 이때 부모의 결정이 옳은지 생각해 볼 필요가 있다. 어떤 것은 끝까지 부모의 요구를 관철시켜야 하지만 그렇지 않은 일들도 많기 때문이다. 아이의 말을 들어줘도 되지만 귀찮아서 안 해주는 일도 많다는 뜻이다. 따라서 부모의 결정이 일방적인지 생각해 보고, 아이의 요구를 들어줄 수 없는 분명한 이유를 살펴볼 필요가 있다. 그래서 아이의 요구를 다시 한 번 재고해 볼 필요가 있는 것이다.

아이의 의견을 반영하나요?

아이들은 자라면서 타협과 협상의 기술도 배워야 한다. 주말에 가족끼리 외식을 하러 가기로 했다면 어디로 가서 무엇을 먹을지 부모가 일방적으로 정하기보다는 논의를 하는 게 좋다. 그래서 아이의 의견도 들어보고 때로는 아이의 의견도 따라주어야 한다. 아이 스스로 결정할 수 있는 기회를 제공해서 '아, 이렇게 해서 의견을 얘기하면 되는 거구나.', '이렇게 타당한 이유를 정확하게 얘기하니까 부모님도 내 말에 귀를 기울여주시는구나.' 하고 느끼는 경험을 제공하는 것이 좋다.

아이와 타협하고 협상하나요?

육아는 일관성과 융통성의 조화를 요구한다. 만일 아이가 지금 보고 싶어

하는 텔레비전 프로그램이 있지만 그걸 다 보면 원래 약속한 시청 시간을 초과하는 상황이라고 하자. 이때는 아이와 협의를 해 볼 수 있다. "네가 지금 보려고 하는 만화 영화는 2시간을 봐야 하는 거야. 그런데 너는 하루에 1시간만 텔레비전을 보기로 했잖니? 만약 네가 보고 싶으면 내일 시청 시간 1시간을 합쳐서 오늘 보고 내일은 보지 않으면 어떨까?"라고 얘기하며 아이와 타협할 수 있다. 이런 논의와 타협의 과정을 통해 아이는 적절한 책임감과 자기조절력을 발달시킬 수 있게 된다.

두려워서 표현을 못 하는 아이!

학령기가 되면	사춘기가 되면
아이의 스트레스가 탈모, 틱, 두통, 복통, 감기, 피부 질환 등 면역계 질환으로 나타날 가능성이 높다.	공격적이거나 과격한 행동으로 이어질 가능성이 높다.

03 아이의 두려움을 없애기 위한 부모의 역할

꼴찌가 되는 것에 대한 두려움 때문에 움츠러들어 있는 아이라면 두려움을 없애주는 게 우선이다. 그러기 위해서는 부모의 역할이 가장 중요하다.

부모는 아이의 안전기지가 되어야 해요

자신이 실수를 하거나 혹은 실패를 하더라도 부모가 다 받아줄 거라고 생각하면 두려움이 없어진다. 바로 부모가 아이의 '안전기지'가 되기 때문이다. 이렇게 안전한 느낌을 주기 위해서는 먼저 아이의 입장을 헤아려야 한다. 아이를 잘 관찰하고 마음을 읽어주면서 안정감과 든든함을 느끼게 하는 것이다. 그리고 아이의 긍정적인 면에 주목하는 태도가 아이의 두려움을 없애는 데 큰 효과가 있다는 점을 기억해야 한다. "우리 딸은 밥을 어쩜 이렇게 야무지게 잘 먹을까? 같이 먹는 나도 덩달아 밥맛이 나네?"처럼 말해주면 아이는 부모의 말에 힘을 얻게 된다. 단 이렇게 얘기할 때 부모의 말투는 다정다감해야 한다. 그래야 아이도 보다 쉽게 안정감을 느낄 수 있다.

가족이 함께하는 놀이 시간을 확보해요

온 가족이 함께하는 놀이 시간을 많이 가지면 아이는 보다 자기 마음을 열어 보이기 쉽다. 함께 등산을 가는 것도 좋고, 주말에 배드민턴을 가볍게 치는 것도 바람직하다. 아니면 저녁에 다 같이 둘러 앉아서 하는 보드 게임도 좋다. 이렇게 가족이 함께하는 놀이 시간을 많이 가지면 아이는 자신의 마음을 많이 열게 되고, 두려움도 덩달아 없어지게 될 것이다.

두려움에 관한 명언
- 공포가 있는 곳에는 행복이 없다. - 세네카
- 다른 사람 앞에 나서는 것을 두려워하지 말라. - 엠마 윌러
- 오직 한 가지 우리가 두려워해야 할 일은 두려움 그 자체다. - 루즈벨트

꼴찌가 되는 것을 두려워하는 아이를 위한 사랑의 처방전

'미안해, 사랑해, 고마워' 문장 완성하기

아이에게 하루에 한 번은 '미안해, 사랑해, 고마워'라고 말하면서 아이의 두려움을 없애는 방법이다. "○○아, _____해서 미안해. _____해서 사랑해, _____해줘서 고마워."라는 문장의 빈칸을 채워 말해주는 방식이다. 그동안처럼 어른의 입장에서만 생각하지 않고 아이의 입장을 살펴볼 수 있는 말을 많이 할 수 있게 된다. 이때 '미안해, 사랑해, 고마워' 문장을 완성시키며 아이를 잘 관찰하고, 더 잘 이해할 수 있는 소중한 시간을 만드는 게 좋다.

1 아이를 관찰하며 미안하고 사랑하고 고마워할 내용을 찾는다.
2 '~ 해서 미안해, ~ 해서 사랑해, ~ 해서 고마워'라는 문장을 본다.
3 빈칸에 알맞은 내용을 넣어서 문장으로 완성한 뒤 다정하게 말한다.

네 번째 이야기

실행 기능이 좋아야 공부도 잘한다

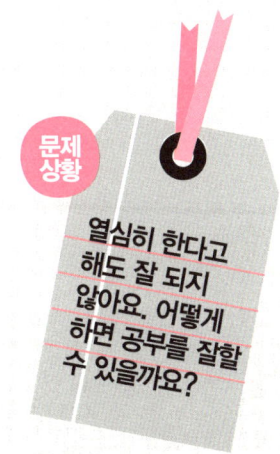

문제 상황

열심히 한다고 해도 잘 되지 않아요. 어떻게 하면 공부를 잘할 수 있을까요?

누구나 공부를 잘하고 싶고, 어느 부모나 자신의 아이가 똑똑하기를 바란다.
그런데 사실 그게 잘 안 되는 게 현실이기도 하다.
공부에 좋다는 것은 발 빠르게 다 하고 있는데
아이의 실력에 큰 변화가 없다면 부모는 답답하기만 할 것이다.
공부를 잘하려면 어떻게 해야 할까?

01 실행 기능에 문제가 있으면 공부도 안 된다

"우리 애는 공부하는 시간도 많고 또 열심히 하는데 이상하게 성적이 잘 안 나와요."라고 한탄하는 부모들이 있다. 이렇게 부모들은 무조건 많이 보여주고, 많은 경험을 제공해주면 아이들의 뇌가 무럭무럭 자고 똑똑해질 거라고 생각을 한다. 그러다 보니 부모가 아이들을 과잉보호하고 과잉통제하며 "다른 건 하지 마. 너는 공부만 해."라는 말을 입에 달고 사는 것이다. 그런데 이렇게 공부만 한 아이들은 정작 머리만 커져 있고, 실제로 적용할 손과 발이 작아져 버려 실행 기능에 문제가 생긴 경우가 많다.

실행 기능이란 아이가 자신의 행동과 학습 등을 스스로 계획하고 통제하면서 주도적으로 관리할 수 있는 종합 인지 능력을 말한다. 쉽게 말해 최선의 문제 해결을 위해 어떤 전략을 언제, 어디서, 어떻게 적용할 것인가를 알고 적용

실행 기능의 구성

- **작업 기억**: 정해진 시간 내에 할 일을 기억하는 것으로, 만 3세부터 6세까지 발달이 된다.
- **억제 능력**: 잘못된 일을 스스로 멈출 수 있는 것으로 "그만"이라고 말할 때 그만할 수 있는 능력이다.
- **주의전환 능력**: 다른 일을 위해 지금 하고 있는 생각을 멈추는 것으로, 만 3세에서 4세에 발달하기 시작해 5~6세가 되면 좀 더 복잡해진다.
- **계획 능력**: 계획을 세우고 제 시간에 성취하는 것으로 일의 순서 정하기와 관련이 있다.

하는 기능을 뜻한다.

구슬이 서 말이라도 꿰어야 보배라는 말처럼 실행 기능은 머릿속에 있는 구슬을 꿰어서 보배를 만드는 작업으로, 이렇게 실행을 할 수 있는 능력이 있어야 정서 조절과 스스로에 대한 조절이 잘 되고 어떤 일을 성취하거나 낯선 환경에 적응하는 일까지 잘 해나갈 수 있다. 따라서 실행 기능이 떨어지면 지식은 있으나 실제에서 활용하는 능력이 떨어져 문제 해결 능력이나 일상생활에 적용하는 능력까지 떨어질 수밖에 없다.

〈실행 기능 점검표〉

양발로 자전거 페달을 밟는 일을 어려워하는가?	☐
계단을 오르거나 내려가는 것을 주저하는가?	☐
장난감을 자주 망가뜨리는가?	☐
체육보다 앉아서 하는 활동을 선호하는가?	☐
익숙한 놀이만 하려고 하는가?	☐
움직임이 어색하고 서툴러 보이는가?	☐
효율적인 방법을 못 찾아 뒤죽박죽되는가?	☐
친구들과의 놀이를 재미없다고 생각하는가?	☐

02 실행 기능이 떨어지면 문제가 생긴다

대부분 사람들은 어떤 일을 할 때 '생각 떠올리기 → 활동 계획하기 → 움직여서 해 보기 → 활동에 필요한 계획이 자동화되도록 적용하기'의 과정을 거친다. 이게 바로 실행 기능의 실제 활용 단계이다. 어떤 일을 할 것인지 생각을 하고 계획을 하고 실제로 행동을 하는 과정이 필요하다. 실제로 행동하는 실행 기능은 많은 과정을 거치고 여러 부분과 연관되어 있다. 아래의 '실행 기능 모델'을 보면 실행 기능은 언어, 시공간과 밀접한 연관이 있고 반응, 기억, 주의, 자극과도 작용을 주고받아야 한다. 그런데 이러한 실행 기능이 떨어진다면 어떻게 될까?

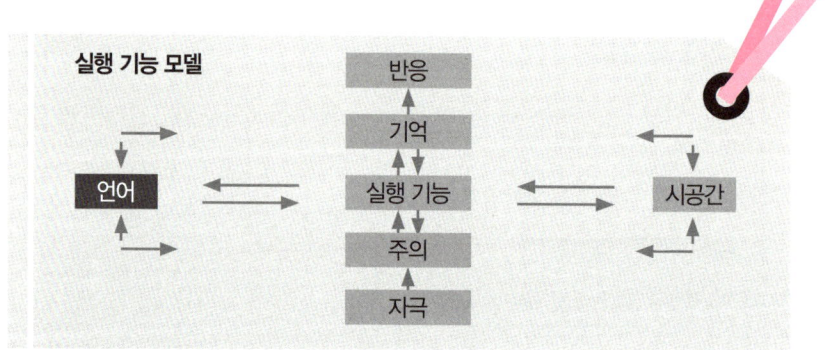

움직임이 둔해져요

실행 기능이 떨어지면 머리에서 생각하는 것대로 몸이 움직여주지 않는다. 따라서 움직임이 둔해지고 그러다 보니 무언가 하고 싶은 마음도 부족해질 수밖에 없다.

상호작용과 교류가 적어요

실제로 해 보는 실행 기능이 떨어지면 당연히 사물과의 상호작용이 떨어지게 된다. 공을 가지고 하는 놀이도 어설프고 줄넘기도 잘 안 된다. 뿐만 아니라 사람들 사이의 교류도 적어서 어려움을 겪게 되기도 한다. 혼자 있거나 또래 아이들을 구경하는 경우가 많은 것이다.

자존감이 낮아져요

스스로 문제를 해결할 수 없기 때문에 '나는 안 되는구나.'라는 생각을 하게 되고 자존감이 떨어질 수밖에 없다.

손을 움직여 하는 일을 피해요

실제로 손을 써서 해 보는 일을 많이 하지 못했기 때문에 소근육이 덜 발달해 있다. 그래서 가위질이나 젓가락질하기, 글씨 쓰기 등 미세 운동 기술이 부족하여 손을 움직여서 하는 일은 스스로 피하게 되는 것이다.

쉽게 좌절해요

혼자서 무엇을 해 본 경험이 적기 때문에 실행 기능이 떨어진 아이들은 과제를 완성하기까지 오랜 시간이 걸린다. 이 과정에서 아이는 쉽게 좌절하게 되고 부정적인 정서까지 보일 수 있다.

집중하지 못하고 산만한 행동을 보여요

실행 기능이 부족한 아이는 한 가지 일에 집중을 하지 못하고 이것을 했다가 저것을 했다가, 이 얘기를 했다가 저 얘기를 했다가 하는 식으로 산만한 행동을 보인다.

〈연령별 아이의 실행 기능 능력〉

만 1~2세	걸음마, 장난감 쥐기, 빨대 빨기, 양말 벗기, 단추 떼기, 신발 신고 벗기
만 3세	공 던지기, 한 발로 서기, 세 발 자전거 타기, 그리기, 모방하기, 거품 만들기, 바지 벗기
만 4세	한 발 뛰기, 그네 타기, 연필 쥐기, 젓가락 쓰기, 옆 단추 열기, 코 풀기
만 5세	리듬감 있게 뛰기, 종이접기, 목욕하기
만 6세	줄넘기, 수건 짜기, 좌우 구별해 손 움직이기

03 아이의 실행 기능 키우는 방법

실행 기능이 떨어졌다고 해서 크게 낙담할 필요는 없다. 실행 기능은 연습을 통해 충분히 좋아질 수 있기 때문이다. 그렇다면 아이의 실행 기능을 어떻게 키우면 좋을까? 간단히 말하자면 아이의 실행 기능을 키우기 위한 가장 좋은 방법은 '놀이'와 '일상활동'이다. 아이들이 가장 즐겁게 할 수 있는 놀이와 아이들이 가장 자연스럽게 할 수 있는 일상활동을 통해 여러 가지 방법으로 실행 기능을 향상시킬 수 있다.

성공 경험을 할 수 있도록 난이도를 조정해요

실행 기능이 부족한 아이는 반복적인 실패 경험 때문에 정서적으로 위축

되어 있고 자신감이 부족해져 있기 마련이다. 이런 아이들에게 "이거 한번 해 봐!"라며 어려운 과제를 놓고 가르치려고 하는 것은 곤란하다. 아이가 할 수 있는 수준의 것부터 시작해서 함께 기뻐해주고 격려하는 게 바람직하다. 그러기 위해서는 난이도를 조절해서 성공 경험을 할 수 있도록 배려해야 한다. 예를 들어 아이와 야구를 할 때 작은 공을 치는 것을 어려워한다면 큰 공이나 풍선으로 바꾸어주는 것이다.

신체를 통해 감각활동을 풍부하게 경험할 수 있도록 해요

아이의 원활할 움직임을 위해서 반드시 필요한 촉각, 전정 감각, 고유 수용 감각을 활성화할 수 있도록 해야 한다. 전정 감각은 머리의 움직임을 통해 균형을 잡는 감각을 말하고, 고유 수용 감각은 적절한 위치와 움직임을 파악하는 감각을 말한다. 감각활동을 통해 아이는 자신의 신체가 어디에 있는지, 공간에서 어떻게 움직여야 하는지를 파악할 수 있게 된다.

〈감각 유형에 따른 활동 종류〉

감각 유형	활동 종류
촉각	목욕탕에서 물거품 놀이, 면도 거품 놀이, 쌀이나 콩을 만지는 놀이, 설거지하기, 가루를 이용한 요리 등
전정 감각	이불 그네, 그물 그네, 회전 의자에서 회전하기, 침대나 소파를 이용한 놀이, 부모와의 회전 놀이 등
고유 수용 감각	부모님과 함께 몸을 사용해서 하는 놀이(씨름 등), 장볼 때 가방 들기, 물건 운반하기 등

공간을 인식하고 움직임을 계획해야 하는 활동을 해요

실행 기능을 키우기 위해서는 타이밍과 리듬감이 요구되는 활동이 도움된다. 사방치기, 고무줄 놀이, 연속 장애물 넘기와 같이 공간 내에서 자신의 몸 위치와 움직임을 연속적으로 계획해야 하는 활동이 좋은데, 놀이터에 있는 놀이 구조물과 같이 장애물을 통과하고 위로 아래로 오르내리는 활동도 바람직하다.

단계를 인지하고 계획할 수 있는 활동을 해요

아이 스스로 책가방을 정리하게 하거나 순서대로 샌드위치를 만들게 하는 일들이 실행 기능을 키우는 데 도움이 된다. 뿐만 아니라 수공예품 만들기처럼 스스로 단계를 조직화하고 계획하는 능력을 키우는 활동도 좋다. 이때 아이가 혼란스럽고 어려워한다면 과제의 단계를 적절히 나누어 도움을 주어야 한다.

모방을 통해 행동을 계획하도록 도와요

엄마가 하는 율동을 따라 하게 하거나 '거미가 줄을 타고 올라갑니다'와 같이 노래를 사용해 손과 손가락 움직임을 따라하는 모방 놀이가 실행 기능에 도움이 된다. 다른 또래 아이들을 보고 흉내 내기를 해 보는 것도 좋은 방법 중 하나이다.

활동 상황을 지시하고 조절할 수 있는 능력을 키워요

실행의 어려움을 가진 아이에게 억지로 활동에 함께 참여하게 하기보다 다른 아이들의 상황을 지시할 수 있고 컨트롤하는 역할을 주는 것도 좋다. 이 과정에서 아이는 여러 가지 상황에 대처하는 방법과 친구를 사귀고 유지할 수 있는 방법을 익힐 수 있게 된다.

실행 기능을 키우고 싶은 아이를 위한 사랑의 처방전

생활 속에서 여러 가지 활동하기

자세 조절을 할 수 있는 활동을 자주 연습해요	• 흔들리는 공이나 한발 의자 등에서 자세 조절하기 • 엎드려서 배를 대고 그네를 타거나 기둥 형태의 그네에 매달리기 • 철봉 막대에 옆으로, 거꾸로 매달리기 • 스스로 그네 흔들기 • 떨어지지 않게 평균대 건너기
양손, 양발의 협응이 필요한 활동을 자주 연습해요	• 사다리 오르내리고 장애물 통과하기 • 양발 점프, 트램플린 뛰기 • 수영하기, 발로 공을 주워 바구니에 넣기 • 순서대로 훌라후프 통과하기 • 좁은 공간을 통과하는 장애물 경기하기
순서가 있는 운동을 과제로 연습해요	• 사방치기 하기 • 릴레이 장애물 건너기

다섯 번째 이야기

유아기관,
어떻게 선택하고
어떻게 적응할까?

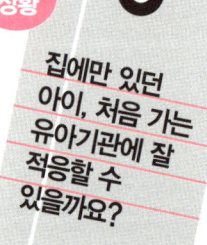

문제 상황

집에만 있던 아이, 처음 가는 유아기관에 잘 적응할 수 있을까요?

초등학교 입학 전에도 우리 아이들은 참 바쁘다. 대부분의 아이들이 유아기관을 다니며 사회생활을 하기 때문이다. 생후 1년부터 만 6세까지의 어린아이들이 단체생활을 하는 유아기관은 대표적으로 어린이집, 유치원이 있다. 그러나 막상 유아기관에 보내려고 해도 부모는 걱정이 많다. 많은 어린이집과 유치원이 있다 보니 어떤 곳을 선택할지도 고민이고, 아이가 잘 적응을 할지도 걱정이다. 이제부터 유아기관에 적응하는 방법과 유아기관을 어떻게 선택하면 좋을지 차근차근 살펴보자.

01 유아기관 선택은 매우 중요하다

　유아기관은 아이가 가정 다음으로 접하는 작은 사회이다. 유아기관이라는 사회에서 얼마만큼 좋은 경험을 하고 관계를 만들었느냐가 아이의 성장에 큰 영향을 미친다. 따라서 유아기관을 선택할 때는 신중해야 한다. 유아기 때 한 경험이 두뇌 능력 향상에 매우 중요한 역할을 하기 때문이다. 만 3~5세 사이에는 두뇌 발달이 가장 유연하게 이루어지는 시기로, 이 시기는 어린이집에 다니는 때와 겹친다. 따라서 어린이집을 선택할 때는 고민을 많이 해야 한다.

　뿐만 아니라 어린이집에 보내는 시기도 아이에게 많은 영향을 미치므로 신중하게 결정해야 한다. 특히 24개월 이전에 애착을 형성하고 있던 대상과 떨어지는 것은 다소 위험하므로 만 3세 이전에 어린이집에 보내야 하는 경우에는 아이가 애착 대상과 떨어질 준비가 되었는지부터 잘 살펴야 한다.

〈유아 교육기관별 특징〉

어린이집	유치원
보건복지부 관할	교육부 관할
• 만 0세의 영아부터 표준 보육 과정을 지원받을 수 있다. • 만 3~5세의 유아는 누리 과정을 통해 교육받을 수 있다. • 기본 12시간을 운영하며 보호와 교육을 동시에 제공한다.	• 연령은 만 3~5세, 운영 시간은 3~13시간이지만 2~3시간 더 연장하기도 한다. • 만 3~6세에는 기본적인 습관 및 예절을 형성하고 창의력과 인성을 키우는 교육을 한다.

02 좋은 유아기관을 선택하는 Know-How

물리적 환경을 살펴요

아이가 오랜 시간을 머물러 있을 공간이므로 깨끗한지, 햇빛은 잘 들어오는지 보아야 한다. 특히 환기가 잘 되는지 위험한 요소는 없는지를 살피고, 실외 놀이터나 연령에 적합한 놀이시설은 있는지도 눈여겨보는 게 좋다. 어른들의 눈높이에 맞춘 지나치게 고급스러운 인테리어는 좋은 환경으로 볼 수 없는 요소 중 하나이다.

아동 대 교사의 비율을 확인해요

집에서 양육자와 1:1로 있던 아이가 갑자기 많은 아이들 속에 있게 되면 당연히 당황하게 될 것이다. 30명의 아이를 1명의 교사가 보는 것보다 5명의 아이를 1명의 교사가 보는 편이 교사에게도 훨씬 부담 없는 게 사실이다. 따라서 교사 1명에 아동 몇 명이 있는지 보아야 한다. 아직 아이가 어린 영아라면 아이 3명에 성인이 1명이 있는 비율이 적당하고, 걸음마를 시작한 유아기의 아이라면 아이 4~6명에 성인 1명의 비율이 적당하다.

교사의 특성을 파악해요

사실 어린이집이나 유치원에 부모들이 아이를 보내놓고 걱정을 하는 것은 선생님 때문일 때가 제일 많다. 부모 대신 가장 가까이에서 아이를 지켜볼 사람이기 때문이다. 따라서 교사의 특성을 잘 파악해야 하는데 교사의 특성을 파악할 때는 자격을 갖추었는지 어린이집에서 얼마나 근무했는지 등을 보면 된다. 교사가 즐겁게 오래 일한 곳이라면 아이에게도 좋은 유아기관일 확률이 높기 때문이다.

> **교사의 특성을 파악할 때 생각할 점**
> - 자격을 갖추고 있는가?
> - 정서적으로 민감하고 일관된 사람인가?
> - 아이들의 특성을 고려한 다양한 교육 방식을 적용할 수 있는가?
> - 해당 어린이집에서 얼마나 오래 근무하고 있는가?

적절한 장난감과 활동이 제공되는지 확인해요

유아기관을 방문하면 "우리 어린이집에서는 이런저런 교재로 이런저런 교육을 합니다."라는 안내를 들을 수 있을 것이다. 이때 아이의 나이에 적절한 장난감과 활동이 제공되는지를 확인해야 한다. 또한 하루 중 놀이 시간은 얼마나 되는지 교사가 놀이를 할 때 어떤 방식으로 아이들을 이끄는지를 알아보아야 한다. 취학 전의 아동에게 학습 위주의 교육은 적절하지 않기 때문이다. 놀이를 통해서 자연스럽게 배우는 과정을 겪는 게 바람직하다. 특히 유아기관에 다니는 나이의 아이들에게는 '가장 놀이'가 매우 중요한데, 서로 역할을 나누어서 놀이를 하는 가장 놀이는 창의성을 키우고 호기심을 발전시키며 사회성을 키우는 데도 효과적이다.

가족 간 연계 상황을 살펴요

　일부 어린이집이나 유치원은 부모들의 방문을 매우 꺼린다. 그래서 어린이집이나 유치원에 한번 방문하려면 며칠을 고민해서 얘기하고 또 조심스럽게 방문을 하게 되는 경우가 생기기도 한다. 하지만 이렇게 유아기관의 문턱이 높다면 아이의 발달 사항에 대하여 선생님과 자유롭게 이야기를 나눌 수가 없다. 그래서 가족 간에 연계가 잘 이루어지는지도 유아기관을 선택함에 있어서 잘 따져보아야 한다. 뿐만 아니라 인가를 받은 기관인지도 꼭 확인해 보아야 한다.

03 유아기관 입학 전, 규칙과 습관 익히기

하루 일과를 규칙적으로 만들어요

　어린이집이나 유치원에 가면 등원 시간도 있고, 점심 시간도 정해져 있다. 따라서 정해진 시간까지 유아기관에 와야 하고 정해진 시간에 밥도 먹어야 한다. 그런데 집에서 연습이 되어 있지 않았다면 아이는 당황할 수밖에 없다. 따라서 입학 전에 집에서 일어나고 잠자는 시간, 밥 먹는 시간을 유아기관의 일과에 맞게 짜야 한다. 그러려면 부모도 부지런해져야 한다. "에이, 좀 더 자고 좀 늦게 데려다 주면 되지."라고 마음을 먹으면 아이가 유아기관에 적응하는 일을 어렵게 만들 뿐이다.

일상적인 생활습관을 익혀요

유아기관에 가려면 밥 먹기, 장난감 정리하기처럼 일상에서 스스로 해야 할 일들은 혼자 할 수 있는 게 좋다. 아이가 미리 연습을 할 수 있도록 시간을 들여 지도해야 한다. 그리고 화장실에 가는 일도 반드시 지도해야 할 부분이다. 많은 아이들이 실제로 어린이집이나 유치원에 오면 화장실 가기를 두려워하는 경우가 종종 있기 때문이다. 그래서 배가 아파도 화장실에 안 가거나 참다가 실수를 하고는 한다.

미리 익혀두면 좋은 생활습관
- 혼자 숟가락으로 밥을 먹을 수 있는가?
- 가지고 놀았던 장난감을 스스로 정리할 수 있는가?
- 화장실에 가고 싶으면 가고 싶다고 얘기할 수 있는가?
- 화장실은 혼자 갈 수 있는가?

다양한 대인 관계 경험을 제공해요

집에만 있던 아이가 어린이집이나 유치원에 가게 되면 선생님도 만나고 친구들도 많이 만나게 된다. 따라서 유아기관에 가기 전에 또래 친구들이나 다른 어른들과 친밀하게 만날 수 있는 기회를 많이 만들어주어야 한다. 놀이터에 자주 나가거나 문화센터 등에서 수업을 들으며 다양한 대인 관계의 경험을 제공해주면 된다. 그러면 아이는 그 시간 동안 친구들과의 관계에서 지켜야 할 것을 배우고, 어른의 말에 따르는 연습을 하게 된다.

새로운 경험에 대한 긍정적 기대를 심어줘요

"우와! 우리 민서가 벌써 이렇게 커서 어린이집에 가게 되었네! 정말 재미있겠다!"와 같이 유아기관에 대해 긍정적인 기대를 갖도록 유도하는 게 중요하다. 아이가 밥을 제대로 못 먹는다고 해서 "어린이집에서 이러면 선생님한테 혼나!"라고 얘기하면 아이는 주눅이 들게 되고 어린이집을 무서운 공간으로 생각할 수밖에 없다. 입학할 예정인 유아기관에 미리 아이와 함께 방문해 양해를 구하고 교실도 구경하고 선생님과 인사를 해 보는 일도 아이가 적응하는 데 크게 도움이 된다.

04 유아기관에 적응하는 법, 아이마다 다르다

겁이 많은 아이

겁이 많은 아이는 새로운 곳을 피하거나 거부하려는 경향이 높다. 뿐만 아니라 궁금한 게 있어도 먼저 물어보지 않기 때문에 아이가 어떤 생각을 하고 있는지 알기도 힘들다. 따라서 겁이 많은 아이는 유아기관을 선택할 때 익숙한 동네, 익숙한 친구가 다니는 곳을 선택하는 게 적응에 도움이 된다. 그리고 집에서는 아이가 어린이집이나 유치원에 좋은 감정을 가질 수 있도록 늘 좋은 얘기를 해주는 게 바람직하다. 또한 가게 될 유아기관에 미리 방문하거나 선생님의 얼굴을 익히는 것도 좋은 방법이다.

〈아이의 특성별 적응법〉

겁이 많은 아이	• 적응 기간이 필요하다. • 유아기관을 미리 방문하는 게 좋다. • 유아기관에 대한 흥미와 호감을 키워준다.
의존적인 아이	• 자율성 훈련이 필요하다. • 식사 지도와 배변 지도가 필요하다. • 도움 청하기 방법을 익혀야 한다.
고집 세고 대담한 아이	• 기본 규칙 준수와 순응 훈련이 필요하다. • 상벌제도를 활용하여 연습하는 게 좋다. • 이타적인 행동을 하는 연습이 필요하다.
수줍음이 많은 아이	• 외출 경험이나 또래 경험이 필요하다. • 부모와 교사의 도움이 필요하다. • 잘 맞는 친구들과의 좋은 경험을 많이 하는 게 좋다.

의존적인 아이

혼자서 아무것도 안 하려는 아이는 입학 전에 스스로 할 수 있도록 자율성 훈련에 집중해야 한다. 밥을 먹는 식사 지도와 화장실에 가는 배변 지도는 물론 다른 생활습관 지도를 통해 나이에 맞는 방식으로 도움을 청할 수 있도록 연습시켜야 한다. 무조건 울거나 말을 않고 쳐다봐서는 도움을 받을 수 없다는 사실을 알려준다. "도와주세요!"라고 얘기할 수 있도록 아이에게 가르쳐줘야 하는 것이다.

고집 세고 대담한 아이

평소 고집이 세고 대담한 아이는 무엇이든 자기 뜻대로 하려는 경향이 강하다. 그래서 공격적인 행동을 하기도 한다. 그렇기 때문에 유아기관에서 또래의 아이들과 문제가 생길 수 있으므로 미리 규칙을 지키는 훈련을 시켜야 한다. "어린이집에 가면 선생님 말씀을 잘 들어야 해. 그래야 사고가 안 생겨.", "친구가 마음에 안 든다고 때리는 건 나쁜 행동이야."처럼 아이에게 안 되는 행동과 되는 행동을 얘기하고 잘한 경우에는 상을, 잘못한 경우에는 벌을 주는 방법으로 연습을 시킬 필요가 있다.

수줍음이 많은 아이

부끄러워서 얼굴도 제대로 못 드는 아이일 경우 적응하기까지 시간이 오래 걸린다. 혼자서는 쉽게 집단에 끼지 못하므로 입학 전에 외출 경험이나 또래와 함께 노는 경험을 늘려주는 게 필요하다. 같은 유아기관에 가기로 한 아이를 미리 만나 친구를 만들어주면 나중에 입학해서도 적응이 훨씬 쉬울 수 있다.

유아기관에 입학한 아이를 위한 사랑의 처방전

함께 적응하기

등원 준비 시간을 여유롭게 가져요	시간이 부족하면 누구나 마음이 급해지고 서두르기 마련이다. 따라서 유아기관에 등원할 때는 준비 시간에 여유를 두는 게 좋다. 시간에 쫓기면 부모는 아이를 재촉하게 되고, 떠밀려서 어린이집에 가게 된 아이는 어린이집을 좋게 생각할 수가 없다.
결석은 되도록 하지 말아요	아이가 심하게 아프다거나 수두와 같은 전염병에 걸렸을 때는 당연히 유아기관을 빠져야 한다. 하지만 아침에 늦잠을 자서, 비가 와서, 가기 싫어서 결석을 해서는 안 된다. 유아기관의 교육 과정은 체계적이고 통합적이기 때문에 한 번 빠지게 되면 아이가 이해하지 못하는 부분이 생기고 소외감이나 열등감을 느낄 수 있기 때문이다.
약속은 꼭 지켜요	"5시까지 데리러 올게."라고 아이와 약속을 했다면 약속 시간은 철저히 지켜야 한다. '10분 정도 늦는 건 괜찮겠지.'라고 생각해서 아이 혼자 기다리게 하는 일은 절대 지양해야 한다. 혼자 기다리는 동안 오지 않는 부모에 대한 원망과 불신은 물론 유아기관에 대한 불만이 쌓이게 되기 때문이다.
적어도 한 달에 두 번은 선생님을 만나요	아이를 가까이에서 지켜보는 선생님과 한 달에 두 번은 만나 이야기를 들어보는 게 좋다. 어떤 부분을 잘하고 있는지 어떤 부분에서 문제가 있는지 이야기를 나눠야 아이가 유아기관에 적응하는 일을 도울 수 있다. 단, 선생님과 이야기를 할 때는 아이가 없는 상태에서 하는 게 좋고 선생님이 바쁜 시간인 등원 시간이나 하원 시간 등은 피한다.
부모와의 상호작용과 대인 관계 경험을 제공해요	유아기관에 아이를 보내게 되면 상대적으로 부모와 함께 있는 시간은 줄어들게 마련이다. 그렇다고 하더라도 부모와 아이는 뗄 수 없는 관계라는 것을 명심해야 한다. 아이와 긍정적인 상호작용을 하고 폭 넓은 대인 관계 경험을 꾸준히 만들어주어야 한다. 그래야 아이도 유아기관에 더 잘 적응할 수 있다.

건강 처방전
"건강, 이대로 괜찮나요?"

첫 번째 이야기

잠을 못 자는 아이, 수면교육이 필요하다

문제 상황

새벽 3~4시까지도 말똥말똥한 아이. 왜 이렇게 잠을 잘 못 자는 걸까요?

부모는 아이가 잘 먹고 잘 놀고 잘 자면 행복하다.
그런데 잠을 자라고 하는데 계속 다른 짓만 하고, 자려고 누워서도 잠이 안 온다며 뒤척거리고, 결국 새벽 3~4시가 넘어서 잠이 든다면 한숨이 절로 나오게 된다.
잠을 잘 못 자는 아이, 그 이유는 무엇이고 도대체 어떻게 하면 좋을까?

01 잠 안 자는 아이, 부모도 힘들다

아이들은 쿨쿨 잘 자야 키도 쑥쑥 크고 낮 동안 쌓였던 몸의 피로도 푼다. 그런데 잘 자야할 아이가 밤에 잠을 자지 않는다면 어떨까? 만약 아이가 새벽 5시에서 6시 사이에 잠들어서 오전 10시에 일어나는 일을 매일같이 반복한다면 아이도 힘들고 부모도 지칠 수밖에 없다.

혹여 낮잠 때문에 밤에 안 자는 건가 싶어서 낮잠도 안 재우고, 활동량이 적어서 잘 안 자는 건가 싶어서 일부러 낮에 야외활동을 하는데도 아이가 밤에 제대로 안 잔다면 정말 부모는 답답하기만 하다. 더군다나 학교에 가게 되면 아침 등교 시간을 맞춰서 일어나야 하는데 그것도 안 될 것 같아서 걱정이다. 그리고 아이가 잠을 자는 시간에 부모도 해야 할 일을 마무리하고 쉴 수 있는데, 아이가 잠을 자지 않으면 쉴 시간도 없다. 아이도 부모도 잠을 못 자서 두통을 느끼거나 신경이 예민해지는 것이다.

성장 호르몬과 수면의 관계
- 성장 호르몬은 잠이 들었을 때 많이 나온다고 알려져 있지만 꼭 일찍 자야만 나오고 늦게 잔다고 나오지 않는 것은 아니다.
- 총 수면 시간이 부족하면 아무래도 성장 호르몬의 분비가 적어질 것으로 예상할 수 있다.
- 성장 호르몬은 푹 자면 많이 나오는 것이기 때문에 일찍 재우려 하기보다는 푹 재우는 게 좋다.

그렇다면 잠을 잘 못 자는 아이에게는 어떤 문제가 있는 것일까? 무슨 문제 때문에 잠들지 못하는 걸까?

그 이유를 가장 먼저 '분리불안'에서 찾을 수 있다. 아이가 만약 잠드는 행동을 부모와의 헤어짐으로 여기면 부모와 떨어지는 게 불안해서 잠을 못 이룰 수 있다. 그리고 '잠든 사이에 귀신이나 괴물이 나타나면 어떡하나' 등의 불안 및 악몽에 대한 두려움도 잠을 방해하는 요소가 될 수 있다. 또는 더 놀고 싶어서 잠을 못 자는 아이도 있다. 열심히 놀다가 지나치게 흥분된 상태에서 쉽게 잠을 이루지 못하는 것이다.

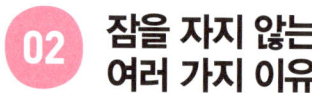

02 잠을 자지 않는 여러 가지 이유

아이가 잠을 자지 않거나 못 자는 데에는 여러 이유가 있다. 수면 장애의 종류에는 대표적으로 불면증, 기면증, 야경증 등이 있는데 하나씩 그 증상을 살펴보면 다음과 같다.

불면증

잠들기 힘들거나 잠은 들지만 자주 깨는 경우를 말한다. 새벽에 너무 일찍 잠에서 깨어 힘든 경우도 불면증이라고 할 수 있다.

기면증

밤에 6시간 이상 충분한 수면을 취하는데도 불구하고 낮에 심한 졸음을 호소하는 경우가 기면증에 속한다고 할 수 있다.

하지불안 증후군

잠들 무렵 다리에 느껴지는 말로 표현하기 힘든 불편한 느낌으로 인해 잠들기 힘든 증세를 말한다.

코골이와 수면무호흡증

자면서 코를 고는 것을 '코골이'라고 하는데, 코골이가 있는 사람의 75%는 수면 중 호흡이 멈추는 수면무호흡증을 보이며 수면을 제대로 취하지 못한다.

야경증

아이에게 주로 발생하며 수면 중 갑자기 깨어 심하게 울어서 달래기 힘든 증상이다. 야경증의 정확한 원인은 밝혀지지 않았으며 정서적 불안, 스트레스, 수면 부족, 그리고 고열 등에 의해 유발될 수 있다고 알려져 있다.

수면보행증

'몽유병'이라고도 하며 자다가 갑자기 일어나서 걸어 다니는 증상이다. 대부분 아침에 일어나서 자신이 한 행동을 기억하지 못한다.

잠을 자지 못하는 여러 가지 이유 중 놀고 싶어서 잠을 안 잔다는 이유를 가진 아이가 있다. 잠을 자려고 해도 놀고 싶은 욕구가 크니 쉽게 잠들지 않는 것이다. '내가 지금 자면 더 놀지 못하는데…. 속상해, 더 놀고 싶어.' 하는 생각을 갖고 있기 때문에 아이에게 잠은 그저 놀이를 방해하는 훼방꾼에 불과하다.

놀고 싶어 잠을 자지 않는 아이는 에너지가 몸속 가득 넘치고 있다. 그래서 정적인 놀이보다는 동적인 놀이로 넘치는 에너지를 발산할 수 있도록 도와주는 게 중요하다. 그러지 않고 에너지를 쌓게 두면 결국 엉뚱하거나 잘못된 방향으로 분출될 수 있다. 돌발적인 행동이나 산만한 행동이 나타날 수 있는 것이다.

03 잠 안 자려는 아이를 위한 방법

잠을 안 자려는 아이라면 '밤에는 잠을 자는 시간'이라는 인식을 명확하게 인지시켜줄 필요가 있다. 잠자는 시간과 깨어 있는 시간을 구별하고 깨어 있는 시간에는 즐겁게 놀이를 할 수 있게 한다. 그래서 놀이를 그만해야 하는 상황이 아쉬워서 잠을 자지 않으려고 한다면 잠이 놀이를 그만두게 만드는 것이 아니라 '내일 더 재미있고 신 나게 놀기 위해서 몸이 쉬게끔 만드는 것'이라는 생각을 갖게 해야 한다. 즉 잠에 대해 긍정적인 인식과 태도를 갖게 도와주어야 하는 것이다.

햇빛을 많이 쬐게 해줘요

햇빛을 많이 쬐게 되면 밤과 낮을 구분하고 생체리듬을 관여하는 호르몬인

멜라토닌 분비가 조금 일찍 끊어진다. 멜라토닌은 처음으로 햇빛을 보고 15시간 후에 분비되므로, 햇빛을 일찍 쬘수록 멜라토닌이 저녁에 분비되는 시간이 빨라지는 것이다. 즉 해를 일찍 볼수록 아이는 일찍 잠들 수 있다.

낮 시간에는 집안을 밝게 해요

낮 시간 동안 충분히 해를 봐야만 인체에 멜라토닌이 잘 흡수되어 수면과 성장에 도움을 준다. 그러기 위해서는 낮 시간에 커튼을 걷고 창문을 열어서 바깥 공기를 많이 쐬게 하고 실내를 밝게 유지하는 게 중요하다.

잠들기 2시간 전에 목욕을 시켜요

목욕을 하면 체온이 떨어지게 된다. 그리고 2시간 후에는 멜라토닌이 한꺼번에 분비되어 숙면을 취할 수 있도록 도와준다. 따라서 원래 자려고 하는 시간보다 2시간 전에 목욕을 시키면 잠드는 데 도움이 된다. 예를 들어 9시에 자야 하는 아이는 7시에 목욕을 시켜야 하는 것이다.

수면교육 3원칙

1. 9시 전후에 재운다.
   → 10시 이전에 자야 성장 호르몬이 잘 나온다.
2. 등을 바닥에 대고 재운다.
   → 안아서 재우지 않는다.
3. 매일 15분 동안 같은 수면 의식을 반복한다.
   → 자기 전에 책을 읽고 불을 끄고, 이야기를 하는 식으로 같은 일을 반복하면 아이는 '아, 이제 자야 하는구나.' 하고 잘 시간을 알게 된다.

잠을 잘 자고 싶은 아이를 위한 사랑의 처방전

밥 먹고 30분 이상 나가 놀기

밥 먹고 나서 30분 이상은 꼭 나가서 놀아야 잠자는 데 도움이 된다. 그네 타기, 시소 놀이 등 부모가 함께해주면 더 좋다. 특히 놀고 싶어서 잠을 잘 자지 않으려고 하는 아이나 에너지가 넘쳐서 쉽게 잠들지 못하는 아이라면 부모가 지치더라도 아이가 마음껏 뛰어놀고 스스로 놀이터의 기구를 이용하게끔 해서 충분히 에너지를 발산하도록 도와주어야 한다.

두 번째 이야기

잘 먹고
잘 자야
건강하다

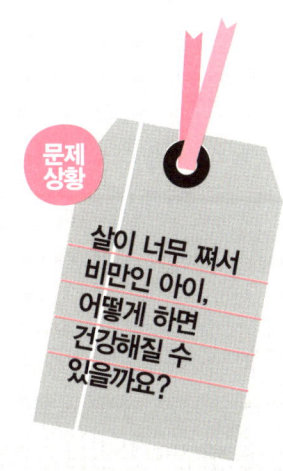

문제 상황

살이 너무 쪄서 비만인 아이, 어떻게 하면 건강해질 수 있을까요?

또래보다 몸무게가 한참은 더 나가는 아이. 그러다 보니 살도 많이 찌고 덩치도 또래보다 한참 크기만 하다. 지나치게 몸무게가 많이 나가면 오히려 건강에 안 좋다고 하는데 어떻게 하면 건강하게 키울 수 있을지 모르겠어서 엄마와 아빠는 애가 탄다. 비만인 아이를 건강하게 키울 수 있는 방법을 지금부터 살펴보자.

01 혹시 내 아이가 초고도비만?

일반적으로 비만이다, 비만이 아니다는 신체 질량지수를 기준으로 따진다. 키에 비해 몸무게가 적게 나가면 저체중, 평균값이면 정상체중, 조금 많이 나가면 과체중, 더 많이 나가면 비만, 아주 많이 나가면 고도비만이라고 한다. 신체 질량지수는 키와 몸무게를 이용하여 지방의 양을 추정하는 비만 측정법으로 몸무게를 키의 제곱으로 나눈 값이다. 이 수치가 20 미만일 때를 저체중, 20~24일 때를 정상체중, 25~30일 때를 비만이라고 하는데 이러한 기준은 16세 이상부터 적용한다.

따라서 유아나 아동의 경우에는 다음 표에 따른 '아동 신체 발육 표준치'를

〈아동 신체 발육 표준치〉

표준 신장(cm)			표준 체중(kg)		
남자		여자	남자		여자
50.1	출생 시	49.4	3.4	출생 시	3.3
67.6	5~6개월	66.3	8.0	5~6개월	7.5
76.0	11~12개월	74.8	9.9	11~12개월	9.4
81.2	15~18개월	79.9	11.1	15~18개월	10.5
86.2	21~24개월	85.0	12.3	21~24개월	11.7
93.1	2.5~3세	91.9	14.0	2.5~3세	13.4
100.3	3.5~4세	99.2	15.9	3.5~4세	15.3
107.2	4.5~5세	105.1	18.1	4.5~5세	17.4
113.6	5.5~6세	112.5	20.4	5.5~6세	19.6
119.6	6.5~7세	118.3	22.9	6.5~7세	22.0
123.7	7~8세	122.4	24.8	7~8세	23.9
129.1	8~9세	127.8	27.8	8~9세	26.9

139.4	10~11세	139.9	35.5	10~11세	34.7
145.3	11~12세	146.7	40.3	11~12세	39.2
151.8	12~13세	152.7	45.5	12~13세	43.8
159.0	13~14세	156.6	50.7	13~14세	47.8
165.6	14~15세	158.5	55.4	14~15세	50.9
169.7	15~16세	159.4	59.4	15~16세	52.8
171.8	16~17세	160.0	62.4	16~17세	53.6
172.8	17~18세	160.4	64.5	17~18세	53.9
173.4	18~19세	160.7	65.8	18~19세	54.1

기준으로 비만의 정도를 생각하는 게 좋다. 예를 들어 34개월의 남자아이라면 키는 93.1cm, 체중은 14kg 정도가 적당하다. 그런데 몸무게가 신체 발육 표준치에 비해 지나치게 많이 나간다면 아이의 건강이 괜찮은지 점검해 봐야 하는 것이다.

특히 체중이 지나치게 많이 나가는 초고도비만의 경우 문제점이 아주 많다. 그 문제점은 크게 3가지 측면에서 살펴볼 수 있는데 다음과 같다.

신체적 문제가 생겨요

3살 버릇 여든까지 간다라는 말이 있다. 살이 찌고 체중이 나가는 아이들은 자라서도 비만이 될 확률이 높다. 그런데 아동비만이 성인비만으로 이어지면 각종 성인병에 걸릴 우려가 있다. 성인병은 질병의 발생과 진행에 식습관, 운동습관 그리고 휴양, 흡연, 음주 등의 생활습관이 큰 영향을 주는 질환이다. 그래서 다른 이름으로 '생활습관병'이라고 부르기도 한다.

심리적 문제가 생겨요

또래와 달리 지나치게 비만인 아이는 "어머, 쟤는 왜⋯."라는 주변 사람들의 부정적인 관심을 받게 된다. 그러면 이로 인해 부정적인 자아상이 형성되고 정서적으로 위축될 수도 있다.

사회성 문제가 생겨요

또래에 비해 덩치가 큰 아이는 친구들과 놀 때도 차이를 보인다. 힘겨루기를 하면 대부분의 또래 친구들은 상대가 되지 않고, 상대를 하지도 않으려고 한다. 그러면 친구들은 점점 더 비만인 아이와 놀기를 싫어하게 되고 아이에게 또래 관계에서의 어려움이 생길 수밖에 없는 것이다.

비만의 원인은 먹는 것과 자는 것, 움직이는 것에 있다

건강을 위해서는 알맞은 체중을 유지가 매우 중요하다. 그런데 체중 유지 즉 살이 찌고 빠지는 일은 먹는 것과 자는 것, 그리고 움직이는 것과 밀접한 연관이 있다.

밤에는 먹지 않아요

일반적으로 아기가 태어나면 엄마의 모유를 먹고 자란다. 그러다가 이유식을 하고 밥을 먹는 단계로 넘어간다. 그런데 모유수유를 하게 되면 밤중에도 젖을 먹이는 밤중수유를 하게 될 수 있고 이것이 비만의 원인이 될 여지도 있다. 밤에 먹으면 살로 갈 확률이 높기 때문이다.

일반적인 경우 6개월까지는 모유를 먹이고 사정이 허락된다면 24개월까지는 모유와 이유식을 함께 사용하기를 권한다. 영양학적으로 모유는 4개월까지 먹는 게 가장 좋으므로 보통 6개월부터 이유식을 시작하고 12개월 즈음에는 주식을 밥, 채소, 고기로 옮겨가게 하고 이때부터 수유 중지를 준비하는 것이 보편적이다. 물론 모유수유에는 수많은 장점이 있다. 하지만 밤중수유는 숙면을 취하는 데도 좋지 않기 때문에 돌 이후에는 확실히 끊는 게 바람직하다.

수면습관을 잡아줘요

잠을 잘 자야 건강해진다는 것은 모두가 알고 있다. 따라서 잠을 잘 자기 위해서는 '수면교육'을 제대로 해줄 필요가 있다. 수면교육은 신생아기 때부터 시작하는데 생후 6주에서 2개월 사이부터 하는 게 좋다. 낮은 밝게, 밤은 어둡게 해서 '밤=자는 시간'이라는 생각을 갖도록 신생아에게 수면교육을 시작하는 것이다.

아기가 잠들지 않으면 함께 놀아주거나 늦게 자면 늦게 일어나게 두는 식으로 아이가 하는 대로 따라가는 일은 좋지 않다. 잘못된 수면습관의 원인에는 아이의 잘못도 있지만 부모의 잘못도 있다는 사실을 잊지 말아야 한다.

잘 움직여야 잘 자라요

어린 시기에는 대·소근육과 같은 운동 능력을 발달시키는 것 역시 중요한 발달 과업 중 하나이다. 그런데 만약 체중이 많이 나가고 몸이 무거워서 운동 능력을 제대로 발달시키지 못하게 되면 아이에게 열등감이 싹틀 수 있다. 또한 적절한 운동 및 조작 능력을 갖춰야 자율성이 발달하게 되는데 제대로 발달되지 못하면 아이의 의존성이 높아지거나 짜증과 분노가 많아질 수 있다. 잘 움직여야 건강히 잘 자랄 수 있다.

> **수면교육 방법**
> - 수면 시간과 취침 시간을 정하고 일관성 있게 지키도록 노력한다.
> - 잠들기 2시간 전에는 불을 어둡게 해서 잠잘 수 있는 분위기를 만든다.
> - 잠들기 전 가벼운 목욕이나 책 읽기를 꾸준히 해서 잠을 자야 한다는 사실을 알려준다.
> - 낮 동안 충분히 햇빛을 쬐면서 놀게 한다.

03 건강한 아이로 키우는 Know-How

아이를 건강하게 키우는 일에는 몸은 물론 마음을 건강하게 키우는 일도 포함된다. 아이의 마음에 상처를 주지 않도록 해야 하기 때문이다.

일반적으로 덩치가 크고 또래에 비해서 체중이 많이 나가는 아이는 또래와 잘 어울리지 못할 수 있다. "우와, 너 되게 뚱뚱하다!", "으! 덩치 좀 봐!"라는 친구들의 말에 상처를 받을 수도 있다. 이럴 때는 부모가 중재를 하면서 또래와의 놀이 경험을 해 보게 도와주어야 한다.

또한 유치원이나 어린이집에서 자신의 덩치가 크다고 다른 친구들을 함부로 대할 수도 있으니 '체격에는 차이가 있어도 같은 친구'라는 개념을 심어주는 것이 필요하다. 그러기 위해서는 집에 한두 명의 친구를 초대해서 함께 놀게 해주거나 놀이터에 자주 함께 나가서 또래 아이들과 상호작용을 할 수 있는 시간을 만들어주어야 한다.

> **건강에 관한 속담**
> - 첫째 재산은 건강이다.
> - 건강한 신체에 건강한 정신이 깃든다.
> - 허약한 육체는 마음을 허약하게 한다.
> - 건강한 이에게는 희망이 있고, 희망을 가진 이는 모든 것을 가졌다.

그리고 아이를 건강하게 키우고 싶다면 아이에게 특별 대접을 해서는 안 된다. '우리 아이는 뚱뚱하니까 이건 못 할 거야.', '이걸 하기에는 아이가 힘들 거야.' 하면서 아이가 자신의 연령에 해야 할 일이나 할 수 있는 일에서 면제시켜 주는 행동은 바람직하지 않다. 그보다 아이가 할 수 있는 데까지는 연습하고 경험할 수 있도록 도와주는 자세가 필요하다.

또한 아이의 체중이 많이 나가고 덩치가 크다면 '우리 집안은 원래 체격이 커.', '얘 아빠도 어렸을 때는 그랬대.'라며 안심하고 있어서만은 안 된다. 아이의 비만이 성인비만으로 이어질 수 있기 때문이다. 따라서 부모가 아이의 일상적인 생활습관을 잘 살펴서 성인비만으로 이어지지 않도록 노력해야 한다. 예를 들어 아이가 밤에 먹는 습관이 있다면 이 습관을 고치도록 도와야 하고, 아이가 TV를 보면서 먹는 습관이 있다면 역시 바로잡아야 하는 것이다. 그래야 건강한 아이로 자랄 수 있다.

아이를 건강하게 키우기 위한 사랑의 처방전

9 to 7(나인 투 세븐) 지키기

또래의 아이들보다 비만인 아이들은 불규칙적인 생활을 하는 경우가 많다. 늦게 밥을 먹고, 늦게 자고 늦게 일어나고, 식사 때가 아닌데 밥을 먹는 일이 많다. 따라서 규칙적인 생활을 하는 '9 to 7(나인 투 세븐)' 규칙을 지키는 게 좋다. 저녁 9시에 자서 아침 7시에 일어나는 생활을 하는 것이다.

또한 부모는 아이와 함께 계획표를 만든다. 규칙적인 하루 일과를 구성하고 따라 보도록 하는 노력이 필요하기 때문이다.

세 번째 이야기

뚱뚱한 아이, 건강 관리가 필수이다

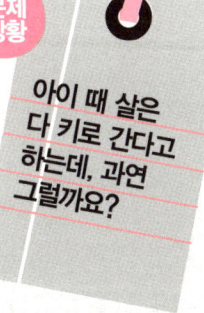

문제 상황

아이 때 살은 다 키로 간다고 하는데, 과연 그럴까요?

어른들은 보통 살이 찐 아이들을 보면
"나중에 다 키로 갈 거니까 걱정 안 해도 된다."고 말씀을 하신다.
하지만 살이 쪄도 너무 찐 아이를 보면 부모 입장에서는 걱정이 안 될 수가 없다.
살 때문에 친구들의 놀이에도 끼지 못하는 것 같고 행동도 둔해 보이기 때문이다.
살이 찐 아이를 그대로 둬도 되는 걸까? 아이들의 살은 정말 다 키로 가는 걸까?

01 뚱뚱한 아이, 원인은 부모에게 있다

또래 친구들보다 체중이 나가는 아이를 보면 "너 되게 뚱뚱하구나." 하고 친구들은 얘기한다. 그리고 뚱보라고 놀리기도 한다. 이렇게 비만인 아이들은 친구들 사이에서 놀림을 받기도 하고 별난 아이 취급을 받기 때문에 스스로도 많이 위축되어 있는 편이다.

또한 비만인 아이의 평소 행동은 굼뜨게 느껴진다. 운동을 할 때도 손발이 늦게 나가거나 반사 신경이 둔한 경우가 많다. 달리기를 할 때도 다른 아이들보다 느린 편이고 피구를 할 때도 공을 피하는 신경이 둔한 원인을 비만에서 찾을 수 있는 것이다. 비만인 상태가 너무 심하면 뇌 자체의 발달이 느려져서 신경의 전달이 느릴 수 있기 때문이다. 따라서 살을 빨리 빼는 게 신경의 발달이나 뇌 발달에 좋다.

어떤 부모들은 아이가 체중이 많이 나가는 게 아니라 뼈가 튼튼해서 그렇다고도 말한다. 물론 그런 경우도 있겠지만 뼈 성장이 빠른 것도 아주 좋은 상황은 아니다. 승용차 엔진에 화물차 몸체를 붙여놓으면 차가 달리기 위해 과출력을 한다. 그러다 결국에는 탈이 생기는 것이다. 초고도비만 아이들의 경우 몸이 비대하게 자라기 때문에 또래에 비해 뼈 성장도 빠른 것뿐이지 뼈 자체가 튼튼하다고 볼 수는 없다.

만약 아이가 또래에 비해 체중이 많이 나간다면 아이에게 "살 빼!"라고 말하고 손을 놓고 있어서는 안 된다. 아직 아이는 어리기에 선택권이 없다. 아이가 먹고 운동하는 사항에 대한 결정권은 부모에게 있다. 따라서 부모가 잘못된 인식을 가지고 있으면 아이의 살은 절대 빠지지 않는다. 예를 들어 아이가 보챈다고 밤에 자꾸 먹을 것을 준다거나 '살은 키로 가니까 괜찮아.'라고 생각한다거나 올바른 식단에 대한 정보가 부족하다면 그 피해는 고스란히 아이에게 갈 수밖에 없다는 말이다. 뚱뚱한 아이, 그 원인은 부모에게 있음을 잊지 말아야 한다.

02 열량을 과다섭취하면 안 된다

열량은 체내에서 발생하는 에너지의 양을 말하는데 사람은 열량을 이용하여 일정한 체온을 유지하고 소화와 같은 운동을 할 수 있다. 단위는 칼로리를 사용하며 식품의 종류에 따라 열량값은 다양하다. 일반적으로 모든 지방질 음식과 수분이 다량 증발된 상태의 식품인 과자나 캔디 등의 열량이 높다. 반대로 수분이 많은 대부분의 채소와 신선한 과일 등은 저열량 식품이다.

외식 음식 열량 비교
(식약청 외식 영양성분 자료집)

음식(g)	열량(kcal)
만두국(700)	434
삼계탕(1000)	918
된장찌개(400)	145
비빔냉면(550)	623
짜장면(650)	797
김밥(200)	318

열량을 과다하게 섭취하는 것은 몸에 좋지 않다. 종이 상자 안에 지나치게

물건을 많이 담으면 상자가 뜯어지듯이 몸속에 열량을 많이 담는 일 역시 좋지 않다.

열량을 과다섭취하면 소아비만이 될 수 있어요

어린아이가 살이 많이 찐 상태를 소아비만이라고 하는데 소아비만은 성인 비만으로 이어질 가능성이 80%나 된다. 어렸을 적에 열량을 과다하게 섭취하면 성인이 되어서까지 영향을 받게 된다.

소아성인병이 발생할 우려가 있어요

인슐린은 호르몬으로 혈액 속의 포도당의 양을 일정하게 유지시키는 역할을 한다. 그런데 열량을 과하게 섭취하면 세포들이 포도당을 에너지로 전환하는 인슐린을 제대로 이용하지 못하고 인슐린에 내성을 가지게 된다. 이것을 '인슐린 저항성'이라고 하는데 이로 인해 어른들에게나 생기는 당뇨병, 고혈압, 고지혈증, 지방간 등이 아동에게서 발생하는 '소아성인병'으로 나타날 수 있다. 또한 장기간 비만인 상태에서 혈액 순환 장애를 가진 사람들은 뇌 크기가 작아지는 경향을 보이기도 한다.

성장 호르몬에 영향을 미치고 조기 성숙을 불러일으켜요

뱃살과 옆구리 살이 두툼해지는 복부 지방의 증가는 성장판의 조기 성숙을 가져온다. 왜냐하면 복부 지방이 증가하면 성 호르몬을 교란시키기 때문이다. 이렇게 아직 성숙할 연령에 이르지 않았는데 몸이 다 자라 버리면 여러 가지 건강상의 문제가 생길 수 있다.

비만에 대한 진실 혹은 거짓!

1 어렸을 때 살은 다 키로 간다?
→ 비만인 아이의 경우 2차 성징이 또래보다 빨리 오기 때문에 최종 신장은 또래에 비해 작을 수 있다.

2 사춘기가 지나면 살이 다 빠진다?
→ 소아비만이 심할수록 성인비만의 위험성이 커지고 성인이 되었을 때 병에 걸릴 확률과 사망률을 증가시킨다.

3 식사량을 줄이면 성장에 좋지 않다?
→ 비만도가 심하지 않은 아이는 식사량을 줄이기보다 운동량을 늘리는 편이 훨씬 효과적이다.

03 소아비만 십계명

하나, 체중 감량 속도에 맞는 식단을 짜요

체중 감량을 할 때는 우선 아이의 체중이 늘지 않도록 관리를 하면서 체중을 줄여나가는 속도에 맞게 식단을 짜는 일이 중요하다. 신선한 채소와 과일을 많이 먹도록 하고 탄수화물이나 지방의 양은 줄이는 편이 좋다.

둘, 인스턴트 음식을 멀리 해요

인스턴트 음식이란 빠른 시간에 만들 수 있고 저장과 보관이 손쉬운 식품들로 간편하게 한 끼 식사를 해결할 수 있는 음식이다. 그런데 인스턴트 음식들은 대부분 열량이 높고 빠른 시간 내에 음식이 나오기 때문에 급하게 먹게 되는 경향이 있다. 억지로라도 자극적인 인스턴트 음식은 멀리하는 게 좋다.

셋, 칼로리를 줄이고 영양에 신경 써요

칼로리 즉 열량을 줄인다고 부실하게 먹어야 하는 것은 아니다. 오히려 더욱 영양에 신경을 써서 부족한 영양소가 없는지 잘 체크해야 한다. 탄수화물과 지방의 양은 줄이되 단백질과 칼슘, 무기질 등은 빠짐없이 채워야 하기 때문이다.

넷, 식사 시간을 2배로 늘려요

보통 비만인 아이들은 5분 안에 식사를 끝낸다. 빨리 먹기 때문에 분명히 밥을 많이 먹었음에도 제대로 먹지 않았다는 생각을 하게 되는 것이다. 따라서 소아비만인 아이는 식사 시간을 2배로 늘려야 하고, 천천히 꼭꼭 씹어 먹으면서 포만감이 들도록 해야 한다.

다섯, 채소 섭취를 늘리고 하루에 물 1.5L를 마셔요

소아비만인 아이들이 좋아하는 음식을 보면 채소는 거의 없다. 그런데 채소를 먹으면 많은 양을 먹지 않아도 포만감이 생기기 때문에 체중 조절에 크게 도움이 된다. 채소 섭취를 늘리고 하루에 물 1.5L를 마시면 변을 보는 데도 도움이 되고 지나치게 음식을 많이 먹는 현상도 막을 수 있다.

여섯, 소금과 설탕을 멀리 해요

소아비만인 아이들은 '미각 중독'에 빠져 있는 경우가 많다. 단맛이나 짠맛에 빠져서 자극적인 음식만 찾게 되는 것이다. 따라서 체중 조절을 하고자 한다면 짠 국이나 찌개를 먹지 않도록 해야 한다. 그리고 설탕이 많이 든 과자나 사탕도 멀리하는 게 바람직하다.

일곱, 밥을 남기는 연습을 해요

밥을 남기는 행동은 스스로 먹는 것을 멈추는 일이다. 따라서 식욕을 조절할 수 있고 자기조절력을 기를 수 있는 방법이다. "먹을 만큼 먹고 남겨도 돼."라고 아이에게 얘기해주면서 편한 분위기를 만드는 게 좋다.

여덟, 식탁에서는 식사만 해요

밥을 먹으면서 TV를 보거나 장난감을 가지고 노는 행동은 좋지 않다. 음식에 대해 집중을 하지 않기 때문에 스스로 얼마나 먹었는지도 잘 모르고 얼마나 배가 부른지도 잘 인지하지 못하기 때문이다. 식탁에서는 식사만 하는 것이 과식을 막아준다.

아홉, 당지수가 낮은 음식을 선택해요

당지수란 빵이나 떡과 같은 탄수화물을 먹었을 때 발생하는 혈당 상승률을 숫자로 나타낸 것으로 당지수가 높은 음식을 먹으면 빠른 시간 내에 탄수화물이 분해되어 혈당치를 높인다. 당지수가 높은 음식으로는 라면, 짜장면, 짬뽕, 국수, 흰쌀밥, 케이크 등이 있다. 따라서 당지수가 높은 음식보다 낮은 음식을 선택해서 먹는 것이 체중 조절에 도움이 된다.

열, 식사가 감사의 선물임을 느끼게 해요

밥은 급하게 먹어야 하는 게 아니라 많은 분들 덕분에 받을 수 있는 감사의 선물임을 느끼게 해주어야 한다. 그래야 아이가 감사한 마음으로 식사를 하게 되기 때문이다.

식품별 당지수

구분	식품(당지수)
당지수가 높은 식품 (70 이상)	백미(79~90), 감자(85), 흰 식빵(70), 수박(70)
당지수가 중간인 식품 (56~69)	현미(66), 보리빵(65), 요구르트(64), 바나나(56)
당지수가 낮은 식품 (55 이하)	고구마(44), 사과(36), 우유(27), 콩(18)

뚱뚱한 아이를 위한 사랑의 처방전

아이에 대한 지나친 관심 줄이기

부모의 양육태도에 있어 양극단인 무관심과 지나친 관심은 둘 다 문제가 될 수 있다. 특히 지나치게 관심을 가져 한시라도 아이를 떼놓지 못하는 부모의 행동은 해가 될 수 있다. 정상적인 발달 단계에서 아동에게 주어진 성장 과제를 부모가 대신해주거나 과도하게 혹은 과소하게 설정하면 아동 스스로의 발달을 가로막고 있다고 이야기할 수 있다. '과유불급'이라고 사랑도 지나치면 집착이 될 수 있다는 것을 명심해야 한다. 부모는 자신의 생활과 자기개발을 하면서 아이를 사회에 내보낼 수 있도록 격려해주는 역할을 해야 한다.

〈한국인 영양 섭취 기준〉

구분	연령	체중(kg)	신장(cm)	에너지(kcal)	단백질(g)	비타민 A(µg R.E)	비타민 D(µg)	비타민 E(mg) α-TE	비타민 C(mg)
영아(개월)	0~5	6.5	61.9	500.0	9.5+	300+	5.0	3.0	35+
	6~11	9.1	72.3	700.0	13.5	400+	5.0	4.0	45+
소아(세)	1~2	12.2	85.9	1,000.0	15.0	300.0	5.0	5.0	40.0
	3~5	16.3	102.0	1,400.0	20.0	300.0	5.0	6.0	40.0
남자(세)	6~8	23.8	122.0	1,600.0	25.0	400.0	5.0	8.0	60.0
	9~11	34.5	138.0	1,900.0	35.0	550.0	5.0	9.0	70.0
	12~14	49.6	159.0	2,400.0	50.0	700.0	5.0	10.0	100.0
	15~18	63.8	172.0	2,700.0	55.0	850.0	5.0	12.0	110.0
	19~29	65.8	173.0	2,600.0	55.0	750.0	5.0	12.0	100.0
	30~49	63.6	170.0	2,400.0	55.0	750.0	5.0	12.0	100.0
	50~64	60.6	166.0	2,200.0	50.0	700.0	10.0	12.0	100.0
	65~74	59.2	164.0	2,000.0	50.0	700.0	10.0	12.0	100.0
	75 이상	59.2	164.0	2,000.0	50.0	700.0	10.0	12.0	100.0
여자(세)	6~8	22.9	120.0	1,500.0	25.0	400.0	5.0	70.	60.0
	9~11	32.6	138.0	1,700.0	35.0	500.0	5.0	8.0	80.0
	12~14	46.5	155.0	2,000.0	45.0	650.0	5.0	9.0	100.0
	15~18	53.0	160.0	2,000.0	45.0	600.0	5.0	10.0	100.0
	19~29	56.3	160.0	2,100.0	50.0	650.0	5.0	10.0	100.0
	30~49	54.2	157.0	1,900.0	45.0	650.0	5.0	10.0	100.0
	50~64	52.2	154.0	1,800.0	45.0	600.0	10.0	10.0	100.0
	65~74	50.2	151.0	1,600.0	45.0	600.0	10.0	10.0	100.0
	75 이상	50.2	151.0	1,600.0	45.0	600.0	10.0	10.0	100.0
임신/수유기	임신			+0 +340 +450	+0 +15 +30	+70	+5	+0	+10
	수유			+320	+25	+490	+5	+3	+35

(2010년, (사)한국영양학회, 한국인영양섭취기준위원회)

네 번째 이야기

스트레스를 해결하면
식탐도 줄어든다

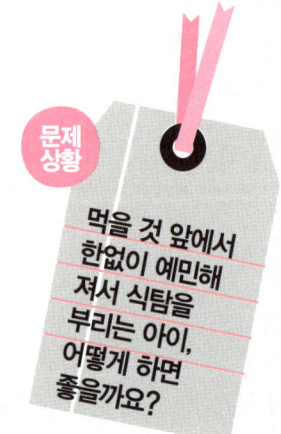

문제상황

먹을 것 앞에서 한없이 예민해져서 식탐을 부리는 아이, 어떻게 하면 좋을까요?

아이가 너무 안 먹어도 걱정이지만 너무 많이 먹으려고 해도 걱정이다.
특히 먹을 것만 보면 식탐을 부려서 문제를 일으킨다면 부모 입장에서는
민망하기도 하고 아이의 건강이 염려되기도 한다.
아이의 식탐, 무엇 때문에 생기고 또 어떻게 없앨 수 있는지 차근차근 알아보자.

01 식탐 많은 아이, 스트레스가 원인이다

엄마: 그만 좀 먹어.

아이: 엄마, 한 숟가락만 더요.

엄마: 안 돼!

아이: 히잉! 더 먹고 싶은데….

배가 고프지도 않은데 한번 먹기 시작하면 멈출 줄 모르는 아이. 그러다 보면 실랑이가 벌어지기 일쑤다. 자기 양을 충분히 다 먹고 웬만한 어른의 식사량보다 많이 먹었는데도 영 아쉬워하고 더 달라는 아이를 보면 고개를 갸웃거리게 된다. 특히 안 그러던 아이가 갑자기 그러면 '쟤가 저렇게 먹고도 괜찮을까?' 하는 걱정과 함께 '갑자기 왜 저러는 걸까?' 하는 생각이 들게 되는 것이다.

그렇다면 이렇게 먹을 것을 밝히는 아이, 즉 식탐이 많은 아이는 왜 그런 걸까? 결론부터 얘기하자면 '스트레스' 때문이다. 어른들도 스트레스를 받으면 지나치게 먹거나 과하게 물건을 사들이는 경우가 있다. 어린아이들 역시 스트레스를 먹을 것으로 풀고 있을 확률이 높다. 그래서 배가 불러도 계속 먹고 자신의 양을 다 먹었는데도 더 달라고 하고, 먹을 때가 되지 않았는데도 음식을 찾아 부엌을 어슬렁거린다. 다시 말해 심리적 허기를 먹는 행동으로 채우려는 경향을 보이는 것이다.

아이의 식탐은 스트레스와 연결된 자율신경 장애 증상 중 하나이다. 자율신경에 문제가 생기면 배가 부른데도 포만감을 못 느끼게 만들고 더 먹고 싶게 만든다. 그런데 이렇게 먹을 것을 찾게 되면 당연히 몸무게가 늘고 비만으로 이어질 수 있다. 그렇기 때문에 아이가 식탐에 빠진 이유는 무엇인지, 받고 있는 스트레스는 무엇인지를 잘 파악해서 빠른 시일 안에 해결해주어야 한다.

02 형제간의 콤플렉스, 식탐이 되다

아이들의 경우 많은 시간을 집에서 보낸다. 때문에 부모와의 관계, 형제자매와의 관계가 아주 중요하다. 관계가 원활하지 못하면 아이가 힘들어할 수 있고, 스트레스로 작용할 수 있기 때문이다.

많은 아이들이 형제간의 콤플렉스 때문에 스트레스를 받고 있는 게 사실이다. 이로 인한 스트레스는 아이가 몇째 아이로 태어났는지에 따라 차이가 있는데 크게 첫째 아이로 태어났는지, 둘째 아이로 태어났는지 막내 아이로 태어났는지로 구분된다.

첫째 아이는 대부분 책임감이 강하고 권위에 대해 긍정적인 편이다. 혼자서 부모의 사랑을 독차지하다가 그 사랑을 나눌 존재인 동생을 만나게 되는 시련을 겪는다. 그래서 동생을 괴롭히기도 하고, 아기같이 행동하는 퇴행을 보이기도 한다.

반면 둘째 아이는 태어날 때부터 부모의 관심을 나눠 가져야 한다. 뿐만 아니라 동생이 태어나면 그 동생에게도 사랑을 빼앗겨 자신만 제대로 대접받지 못한다는 생각을 갖게 된다. 그래서 밖으로 나돌기를 좋아하고 집에서 자신의 자리를 못 만들기도 하는 것이다.

그리고 막내 아이는 늘 집안의 막내이기 때문에 귀여운 행동으로 원하는 것을 얻으려고 하는 경향이 있다. 다른 형제와 늘 경쟁해야 하는 상황을 당연하게 여기고 손위 형제가 하는 일이라면 자신도 하려고 든다. 또한 손위 형제를 무시하거나 약점을 잡아서 놀리기도 한다.

이 중에서도 특히 둘째 아이는 '중간 아이'라는 지위에 압박감을 느끼고 자신이 불이익을 받는다고 생각한다. 첫째의 이점도 없고 막내의 자리도 빼앗겼기 때문이다. 그래서 자신의 자리를 지키기 위해 반항을 하거나 공격적인 태도를 보인다. 반면 집 밖에서는 인기 있는 행동을 해서 자기편을 만들려는 시도를 하기도 한다.

또한 형제자매가 3명 이상 있는 경우는 맏이와 막내는 동맹을 형성하는 경우가 대부분인데 이 과정에서 형제자매 사이의 갈등을 잘 해결한다면 그 경험

〈아이에게 하면 안 되는 말 & 좋은 말〉

	하면 안 되는 말	하면 좋은 말
첫째에게	• "다 컸는데 왜 아기처럼 구니?" • "너는 동생보다 못 하구나."	• "엄마, 아빠와 제일 먼저 만난 사람은 바로 너야!" • "한 살 더 먹으면서 좋은 생각을 많이 하는구나."
둘째에게	• "너라도 좀 가만히 있어." • "언니/형 말은 무조건 들어야 하는거야."	• "너는 우리에게 특별한 아이야." • "네가 있어서 엄마, 아빠는 정말 행복해."
막내에게	• "넌 아직 잘 못해." • "언니/형 반만이라도 하렴."	• "잘 자라고 있구나." • "너도 크면 언니/형처럼 잘 할 수 있어."

이 사회성 좋은 아이, 대인 관계에 능한 아이가 되는 데 도움이 될 수 있다. 특히 중간 아이는 훌륭한 타협자이자 중재자로 성장할 가능성이 높다.

03 아이의 스트레스는 부모가 해결해줘야 한다

한 집에서 매일 얼굴을 맞대고 지내면서 갈등을 만들고 스트레스를 받는다면 얼마나 힘들까? 그렇기 때문에 형제자매 사이의 갈등은 빨리 해결할수록 좋다. 부모가 중재자의 위치에서 현명하게 해결을 해주면 아이들이 스트레스를 받을 일이 훨씬 줄어들 수 있다.

형제자매 사이의 갈등에 대한 가정 규칙을 적어요

자주 일어나는 문제에 대해서는 부모가 가정 규칙을 통해 예방해야 한다. 예를 들어 '타고 다니는 장난감 중 파란색은 첫째의 것이고, 빨간색은 둘째의 것이니 타고 싶으면 먼저 허락을 받아야 한다'든지 '술래잡기를 할 때는 순서대로 술래가 되어야 한다'와 같이 부모가 확실히 규칙을 정해주어야 한다.

규칙을 어기면 벌을 주세요

정해진 규칙을 어기거나 공격적인 행동을 하거나 불공정한 행동을 하는 경우는 바로잡아야 한다. 물론 벌을 주기 전에 "너 한 번만 더 그러면 야단칠 거야."라고 경고를 하는 과정이 필요하다. 그래야 아이도 자신의 행동을 돌아보고 고칠 기회를 갖기 때문이다. 그런데 경고를 했음에도 불구하고 같은 행동을 반복하면 그에 상응하는 벌을 주어야 한다.

아이의 행동을 비난하지 말아요

아이가 언니의 허락을 받지 않고 언니의 인형이 만진 것은 잘못이지만 지나치게 비난을 해서는 안 된다. 아직 아이들이 어리기 때문에 "우리 막내가 언니 인형을 만져보고 싶었구나. 하지만 언니 장난감을 만질 때는 미리 언니에게 물어보고 허락을 받아야 한단다."라고 알려주어야 한다.

스트레스 받을 만한 환경적 요인을 살펴요

아이가 스트레스를 받을 만한 환경적 요인이나 사건을 면밀하게 살펴보아야 한다. 그래서 사건을 미리 대처할 수 있게 얘기를 해주어야 한다. 첫째와 막내 사이에서 늘 치이는 둘째라면 "우리 아들, 형이랑 동생이 둘만 자꾸 같은 편 해서 속상하지? 그럴 때는 엄마랑 편을 해 보는 건 어때?"라고 얘기해주는 식으로 말이다.

관심 받고 싶어 하는 욕구를 헤아려주어요

아이는 부모의 관심에 목말라 한다. 특히 형제자매가 많아서 부모의 사랑을 나눠야 한다면 더욱 그럴 것이다. 따라서 관심을 받고 싶어 하는 아이의 마음을 헤아려주는 자세가 필요하다.

즐거운 대화와 신체 접촉을 많이 해요

형제자매 사이의 문제로 스트레스를 받게 되면 '우리 집에는 내가 필요 없어.', '내가 있을 곳이 없어.'라는 극단적인 생각까지 할 수 있다. 따라서 아이와 집 안에서 즐거운 대화를 하고 따뜻한 목욕 등을 통해 가족 간의 정을 키우는 게 좋다.

04 먹는 걸로 스트레스를 푸는 아이, 마음을 표현하는 게 좋다

'내가 뭘 원하지?', '무엇 때문에 힘들지?', '내 생각은 어떻지?' 등을 상대에게 알려주어야 적절한 도움과 위로를 받고 문제 해결을 이룰 수 있다. 그렇기 때문에 자기표현을 제대로 못한다는 말은 원하는 것을 이룰 수 없다는 뜻이고 이것은 욕구 좌절과 직결된다. 음식으로 스트레스를 푸는 아이라면 마음속에 자리잡고 있는 스트레스가 무엇인지 표현할 수 있게 부모가 도와주어야 한다. 물론 평소에 스트레스를 덜 받게 하고 스트레스를 해소할 수 있는 기회를 제공해야 하는 것과 함께 말이다.

만 6세가 넘으면 아이들은 자신의 감정이나 생각, 욕구에 대해 타인에게 표현할 수 있는 충분한 언어적, 인지적 능력을 갖추고 있다. 하지만 수줍음을 타는 아이들은 초반에 긴장해서 자신의 이야기를 잘 못 꺼낼 수 있다. 또한 자기를 표현하는 일 역시 연습이 되어야 하는데 아이들은 부모를 통해 배우고 연습한다. 실제로 자기표현 능력은 '부모가 적절한 본보기가 되어주었는가?', '아이의 자기표현을 격려해주었는가 혹은 비난했는가?'에 따라 길러지기도 하고 또 좌절되기도 한다.

그리고 아이가 스스로의 마음을 잘 표현하려면 평소에 부모가 아이의 행동이나 말에 잘 반응해주어야 한다. 부모의 역할이나 태도에 따라 아이는 자기 자신을 당당하게 드러낼 수도 있고, 반대로 꼭꼭 감출 수도 있기 때문이다.

부모의 반응성을 높여요

아이가 하는 말과 행동이나 요구에 부모가 보다 민첩하게 반응을 해야 한다. 그래야 머뭇거리고 자신의 마음을 잘 표현하지 못하는 아이라도 안심하고 자신의 마음을 내보일 수 있다.

식탐을 조절할 수 있는 방법

- 식판 사용하기: 본인의 1인분이 어느 정도인지를 알 수 있게 한다.
- 숟가락 대신 젓가락 사용하기: 국물을 못 먹고 음식을 조금씩 먹을 수 있게 한다.
- 채소 많이 먹기: 아이가 선택한 채소부터 친해지게 하는 방법으로 채소를 먹게 한다.
- 정해진 시간에 정해진 양 먹기: 저녁은 적게 먹고 아침은 많이 먹게 한다.
- 매일 운동하기: 스트레칭과 걷기 등으로 스트레스를 받지 않는 정도의 운동을 하게 한다.

가족 간 유대감을 높여요

가족이 함께하는 놀이 시간을 갖는다거나 함께 산책을 한다거나 운동하는 시간을 가지는 게 좋다. 이렇게 가족과 함께하는 일을 통해 유대감을 높이면 아이는 안정감을 느끼고 자신을 내보이는 일을 두려워하지 않게 된다.

마음을 읽어주세요

아이가 자기표현을 마음껏 하려면 부모가 먼저 아이의 마음을 읽어주어야 한다. 아이가 말을 제대로 안 하고 울거나 징징댈 때 아이의 마음을 헤아려서 되돌려 말해주는 방식으로 "우리 아들, 동생이 자꾸 놀려서 속상하구나."처럼 아이의 마음을 읽어준다.

스트레스를 음식으로 푸는 아이를 위한 사랑의 처방전

서로 꾸며주기

부모와 아이가 서로 페이스 페인팅 도구나 수성 사인펜으로 서로 상대를 꾸며주는 놀이이다. 이를 통해 아이는 엄마와 아빠에게 관심을 받고, 스킨십을 경험하는 좋은 기회가 될 수 있을 것이다. 이때 서로 다정한 말을 하는 게 좋다. "우리 딸은 볼이 반짝반짝 사과 같네."라든지 "우리 아들 코가 이렇게 잘 생겼구나."라는 식의 말은 따뜻한 분위기를 만들 수 있다.

놀이 방법
1 페이스 페인팅 도구나 수성 사인펜을 준비한다.
2 먼저 아이의 얼굴을 쓰다듬으며 예쁘게 꾸며준다.
3 아이가 엄마, 아빠의 얼굴을 예쁘게 꾸며준다.